Hans Mårtensson

Holzspielzeug und Kindermöbel *selbst gemacht*

Verlag Th. Schäfer · Hannover

Aus dem Schwedischen übersetzt
von Ulrich Streckfuß, Weissach (Flacht)

Fachliche Beratung
durch Günther Heine, Aumühle/Hamburg

ISBN 3-88746-248-3
Best.-Nr. 9201

Lektorat: Hugo Thielen M. A.

Gesamtherstellung:
Th. Schäfer Druckerei GmbH, Hannover

Inhalt

Allgemeines

Selbermachen bringt Spaß. Erst recht, wenn man etwas herstellt, woran die Kinder tagtäglich ihre Freude haben. In diesem Buch finden Sie über 40 Vorschläge. Einige von ihnen sind selbst für den Anfänger leicht zu verwirklichen, manche setzen aber auch Erfahrung und handwerkliches Geschick voraus, wenden sich also an den fortgeschrittenen Heimwerker.

Sie haben nur eine bescheidene Werkzeugausrüstung? Keine Sorge! Sie werden sich wundern, was Sie damit alles machen können! Aber natürlich finden sich auch Vorschläge, bei denen der „Profi" mit der anspruchsvolleren Ausrüstung so richtig loslegen kann.

Allen Abbildungen ist eine ausführliche Beschreibung des Materials und der Arbeitsgänge beigefügt.
Dieses Buch wendet sich an alle, die gern mit Holz arbeiten: in erste Linie an Eltern, aber auch an Heranwachsende und natürlich auch an Großeltern. Selbst Kinder unter 10 Jahren, die man noch nicht allein in eine Werkstatt lassen kann, können bei vielen Arbeitsgängen mithelfen. Und ist es nicht von besonderem Reiz, wenn die ganze Familie zum Gelingen beigetragen hat?
Wenn Ihr Werkzeug noch nicht komplett ist oder wenn Sie sich in der Handhabung unsicher fühlen, dann sollten Sie erst einmal einen entsprechenden Hobbykurs besuchen. Mancherorts bieten Volkshochschulen solche Kurse an. Unter den Teilnehmern findet man neuerdings immer mehr Frauen, was beweist, daß Tischlern längst keine reine Männersache mehr ist.

Dieses Buch stellt vor allem Spielsachen, aber auch Möbelstücke aus Holz vor, die teilweise auf ältere Vorlagen zurückgehen. Holz als Material ist einfach schöner und wärmer als die heute so weit verbreiteten Sachen aus Kunststoff.

Sie werden merken, es ist eine tolle Sache, Spielzeugproduzent für die eigenen Kinder zu sein! Wertbeständige Dinge zu schaffen, die vielleicht sogar Generationen überdauern – etwa ein Schaukelpferd oder einen Stuhl!
Alle unsere Modelle sind einfach und robust konstruiert. Sie sind praktisch unverwüstlich. Und wenn doch einmal etwas zu Bruch gehen sollte, läßt es sich mit einfachen Mitteln reparieren. Als Material verwenden wir Kiefernholz, zur Oberflächenbehandlung eine Mischung aus Leinöl und Terpentin. Sie schützt das Holz und hebt seine Struktur hervor.

Material und Oberflächenbehandlung

Wir verwenden durchgehend Kiefernholz von guter Qualität. Das heißt, es muß eine gerade verlaufende Maserung aufweisen und auf einer Seite so gut wie astfrei sein. Dadurch wirkt es sauber und robust und läßt sich besonders leicht bearbeiten. Natürlich sollte die Qualität immer in einem Verhältnis zum Gegenstand und zum voraussichtlichen Arbeitsaufwand stehen. Für Klapptisch und Bett benötigt man beispielsweise extrem trockenes, sauberes und spannungsfreies Holz. Außerdem darf die Maserung nicht zu unruhig sein. Das gilt aber nicht unbedingt für den Handwagen und die Seifenkiste.

Die Materialgrößen entsprechen im großen und ganzen dem Standardsortiment von Fachgeschäften und Baumärkten, soweit es sich um gehobelte Stücke handelt. Je mehr Erfahrung man hat, umso höhere Qualitätsanforderungen pflegt man an das Werkstück zu stellen. Neben den ästhetischen und praktischen sollten aber auch wirtschaftliche Überlegungen eine Rolle spielen. Werkstücke, die sich zum Tischlern eignen, sind weder billig noch überall zu haben. Nicht alle Baumärkte achten auf Qualität und richtige Lagerung. Oft ist es besser, man sucht sich eine gute Holzhandlung oder spezielle, gut sortierte Baumärkte, die auch wirklich trockenes Holz bereithalten. Wer viel Zeit und Platz hat, kann sein Holz auch selbst trocknen. Hierzu stapelt man die Hölzer und legt zwischen die einzelnen Schichten dünne Latten. Oberflächen und Kanten behandelt man mit Schleifpapier. Es ist empfehlenswert, sich einen Vorrat an Schleifpapier mit verschiedenen Körnungen (einzelne Bogen oder rollenweise) zuzulegen. Schleifpapier ist besonders leicht zu handhaben, wenn man es um einen Klotz herum faltet. Mit einem kleinen Bandschleifgerät erspart man sich natürlich viel Arbeit, besonders wenn man größere Flächen bearbeiten will.

Zur Oberflächenbehandlung verwenden wir zumeist eine Mischung aus Leinöl und Terpentin. Es dringt tief ein und schützt das Holz.

Für den Wetterschutz gibt es fertige Lasuren, die schnell trocknen und widerstandsfähig gegen Nässe sind. Das Leinöl mischt man mit reinem Terpentin (nicht mit Terpentinersatz).

Bei der ersten Behandlung verwendet man ein Mischungsverhältnis von 1 : 1. Danach sollte die Mischung fetter sein, also mehr Öl enthalten (3 : 2 bis 3 : 1). Lassen Sie das Öl jedesmal gut trocknen. Das Holz muß richtig gesättigt sein. Wischen Sie nichteingedrungenes Öl mit einem Lappen ab, damit sich keine Schlieren bilden. Ölgetränkte Lappen können sich selbst entzünden. Waschen Sie sie deshalb aus oder verbrennen Sie sie, anstatt sie einfach wegzuwerfen.

Die Oberflächen werden besonders schön, wenn man das Öl in mehreren Arbeitsgängen mit Schleifpapier einarbeitet. Dabei vermischt sich der Schleifstaub mit dem Öl und füllt die Poren, und die Oberfläche bekommt nach mehrmaligem Abtrocknen und Polieren einen matten Glanz.

Eine so behandelte Oberfläche wandelt ihr Aussehen mit der Zeit auf erstaunliche Weise. Das Holz dunkelt nach und erhält eine schöne Patina. Ist die Oberfläche zerkratzt, kann man sie mit einer zusätzlichen Öl-Terpentinmischung auffrischen. (Zuerst mit dem Pinsel auftragen, dann mit dem Lappen einarbeiten.)

Häßliche Flecken bearbeitet man mit Öl und Schleifpapier.
Zum Bemalen verwendet man am besten eine pigmentierte Mischung aus Öl und Terpentin. Das Farbpigment ist als Pulver oder als Flüssigkeit erhältlich. Man sollte aber eine Weile damit experimentieren. Helle Töne erzielt man durch Beimischung von weißer Farbe.

Verzeichnis der Fachausdrücke

Anschlagwinkel (Winkelhaken): Mit diesem Gerät kontrolliert man Winkel von 90° oder reißt sie an. Es gibt auch Anschlagwinkel der Größe 45°. Manche Fuchsschwänze haben zwischen Handgriff und Sägerücken einen Anschlag von 45° oder 90°.

Aussägen: Figuren und Formen sägt man mit Bandsäge, Stichsäge, Schweifsäge oder Laubsäge, z. B. ein Puzzle (Seite 14/15).

Bandsäge: Motorgetriebene Säge mit schmalem Sägeblatt, das über zwei oder drei große Räder läuft. Das Werkstück liegt auf dem Sägetisch.

Dübel: Runder Pflock aus Buchenholz, den man in ein passend gebohrtes Loch steckt und festleimt. Er dient als Verbindungsmittel in einer Leimfuge. In langen Leimfugen sollten die Dübel in einem Abstand von 4– 5 cm angeordnet sein.

Durchmesser: Durch den Mittelpunkt eines Kreises verlaufende Strecke. Bezeichnung: Ø. Für ein Loch Ø 20 mm verwendet man einen 20 mm-Bohrer.

Eckverbindung: Eine alte Verbindungsmethode beim Rahmenbau, bei welcher der Zapfen des einen Brettes in den Schlitz des anderen paßt. Am besten arbeitet man dabei mit der Oberfräse.

Fräse: Mit der festmontierten Tischfräse oder der handlicheren Oberfräse kann man nuten, fälzen, graten, kehlen, schlitzen oder profilieren.

Gehrung: Zusammenfügen der Ecken eines Rahmens, d. h., die Ecken müssen in einem Winkel von 45° gesägt werden. Mit Hilfe der Gehrungslade läßt sich das Holzstück sicher anlegen und sauber schneiden.

Graten: Eine alte Methode des Zusammenfügens, eine Verbindung, die ohne Leim hält und das Quellen und Schwinden des Holzes nicht behindert. Durch Einschnitt mit der Feinsäge wird die Gratleiste gearbeitet. Für die Gratnut werden an der Holzoberfläche die Außen- und Innenkanten angerissen. Dann wird von den Innenkanten ausgehend schräg eingesägt. Das Stecheisen hebt nun das abgegrenzte Holz heraus.

Holzschraube – Senkkopf: Schraube mit versenkbarem Kopf. Die Bezeichnung „Senkkopf 4,0×50" bedeutet, daß der Schaft 4 mm dick und die Schraube 50 mm lang ist. Der Kopf hat dabei einen Durchmesser von 8 mm.

Kombiniertes Schrauben (Nageln) und Leimen: Durch diese Kombination erzielt man eine besonders feste Verbindung. Zuerst Leim angeben und dann zusammenschrauben (-nageln).

Kreissäge: Säge mit rundem Sägeblatt, motorbetrieben. Erhältlich als Tischsäge oder als handlichere Handkreissäge. Geeignet für Längs- und Querschnitte sowie für Nuten und Taschenschnitte.

Laubsäge: Kleine Schweifsäge mit Handgriff. Sie besteht aus einem kurzem, hohen Metallbogen, in dem sich ein dünnes Sägeblatt einspannen läßt. Geeignet für das Sägen und Aussägen bei dünnen Holzplatten.

Laubsägetischchen: Ein Holzbrett (ca. 22×120×350 mm) mit einem Einschnitt an einer Schmalseite. Es wird an einer Kante der Werkbank festgespannt. Das zu bearbeitende Werkstück liegt auf dem Tischchen, während das Sägeblatt der Laubsäge in senkrechten Bewegungen auf- und abwärts geführt wird.

Leim: Für Geräte und Möbel, die im Haus Verwendung finden, nimmt man weißen Tischlerleim auf PVA-Basis, da dieser schnell trocknet und danach unsichtbar ist. Leim, der aus den Fugen herausquillt, kratzt man in halbtrockenem Zustand mit einem Stemmeisen oder Messer ab. Tischlerleim verträgt keine Feuchtigkeit. Für Außenkonstruktionen verwendet man wasserfesten Leim, z. B. einen Zweikomponentenleim auf Kunstharzbasis. Das angegebene Mischungsverhältnis sowie die Mindesttemperatur sollte man ganz genau beachten.

Leimknecht: Den Leimknecht verwendet man, wenn große oder lange Holzkonstruktionen zusammengeleimt werden müssen. Der Leimknecht besteht aus einer langen Schiene mit verstellbaren Eisenwinkeln an der Längsseite.

Mittenabstand: Abstand von der Mitte eines Bohrlochs bis zur Mitte des nächsten.

Nut und Feder: Paneele haben an der einen Längskante eine Aussparung (Nut), an der anderen eine in sie passende Feder.

Risse: Risse für Sägeschnitte zieht man mit einem dünnen, harten Bleistift oder mit der Reißnadel, die man an ein Lineal, einen Anschlagwinkel oder eine Schmiege anlegt. Ebenso gut eignet sich ein Reiß- oder Streichmaß. Bohrlöcher reißt man mit einem Kreuz an.

Schloßschraube (Schraubenbolzen): Mit Metallgewinde versehener Bolzen mit Vierkantansatz unterhalb des flachgewölbten Rundkopfes. Der Vierkant verhindert, daß der Bolzen sich beim Anziehen der Mutter mitdrehen kann. Man treibt den Bolzen in ein eng gebohrtes Loch.

Schmiege: Verstellbares Gehrmaß, mit dem Gehrungen verschiedenster Winkel angerissen werden.

Schweifsäge: Säge mit Bogen aus Metall, in den ein auswechselbares Sägeblatt eingespannt werden kann. Für gröberes Holz nimmt man ein schmales Blatt. Vgl. „Laubsäge".

Spannklammer (Schraubzwinge): Man verwendet sie ähnlich wie den Leimknecht. Sie lassen sich 10–50 cm weit öffnen.

Stauchkopfnagel (Senkkopfnagel): Runder oder vierkantiger Nagel mit konischem Kopf. Nagel und Kopf lassen sich mit Hilfe eines Versenkers im Holz versenken.

Stemmeisen, Stechbeitel: Mit dem Stemmeisen oder dem Stechbeitel (Stemmeisen, das auf beiden Seiten mit Abschrägungen versehen ist) arbeitet man die Teile aus dem Holz heraus, die für Holzverbindungen benötigt werden.

Stichsäge: Die elektrische Stichsäge weist ein starres, schmales Sägeblatt auf, das in schnellen Auf- und Abwärtsbewegungen arbeitet. Mit ihr läßt sich auch dickeres Material (19–45 mm) sägen. Man hält die Stichsäge fest in der Hand und führt sie über das Werkstück.

Streichmaß (Reißmaß): Dieses wird verwendet, wenn ein Anriß parallel zu einer Kante gezogen werden soll. Es besteht aus einem mit der Reißnadel versehenen Stab und einem verstellbaren Anschlag am anderen Ende.

Tiefensteller: Mit ihm kann man beim Bohren eine bestimmte Tiefe einhalten. Am einfachsten erzielt man diesen Effekt mit einem durchbohrten Stück Holz, durch das man den Bohrer steckt. Als Sichtkontrolle genügt ein um den Bohrer geklebtes Isolierband.

Verkeilen eines Zapfens: Mit einem flachen Holzkeil, der in den Zapfen hineingetrieben wird, läßt sich ein Zapfen so erweitern, daß er fest in dem vorgesehenen Loch sitzt. Zuvor wird für den Keil ein Schlitz in den Zapfen gesägt. Der Keil muß quer zum Faserverlauf hineingetrieben werden, da das Holz sonst splittern kann.

Versenken: Holzschrauben mit flachem Kopf lassen sich bis auf die Holzoberfläche versenken. Dazu erweitert man den oberen Teil des gebohrten Loches mit einem Schraubenversenker, so daß der Kopf hineinpaßt. Vgl. „Stauchkopfnagel".

Winkelschmiege: Verstellbares Instrument, dessen Stahlschenkel auf jeden Winkel einstellbar ist.

Zapfenverbindung: So nennt man die Verbindung von zwei Holzstücken, wobei der Zapfen des einen Stücks in den Schlitz des anderen paßt. Verbindet man auf diese Weise eine Zarge mit einem Stuhlbein, benötigt man einen viereckigen Schlitz im Stuhlbein und einen entsprechenden Zapfen am Ende der Zarge. Zapfen und Schlitz streicht man mit Leim ein und preßt sie mit Hilfe des Leimknechts zusammen. Vgl. „Dübel".

Bauklötze

Es macht Kindern meist großen Spaß, mit Bauklötzen zu spielen, vorausgesetzt, sie sind in ausreichender Zahl vorhanden. Wir haben aus drei verschieden langen Stücken neun verschiedene Formen ausgesägt.

Das Material ist astfreies Kiefernholz (Hobelleisten 34×45 mm), das rechtwinklig so geschnitten wird, daß Klötze in drei Längen (55 mm, 110 mm, 145 mm) entstehen.

Aus dem größten Klotz sägt man einen Kreisabschnitt mit einem Durchmesser von 70 mm heraus. Übrig bleibt ein Klotz mit Rundbogen.

Aus den beiden anderen Stükken sägt man Satteldach und Keilstücke. Alle Flächen werden feingeschmirgelt und die Kanten gerundet.

Drei Puzzles

Die hier vorgestellten Puzzles haben unterschiedlichen Schwierigkeitsgrad. Hergestellt sind sie aus 40 mm dickem Kiefernholz. Zum Aussägen empfehlen wir eine Bandsäge mit schmalem Blatt.

1. Am einfachsten ist das runde Puzzle, denn es besteht nur aus zwei ineinander passenden Teilen. Für die reliefartige Gestaltung der Oberfläche benötigt man eine Drechselbank. Dicke: 40 mm, Durchmesser: 190 mm.

2. Das Puzzle in der Mitte ist achteckig (190 × 190 mm). Die Kanten sind profiliert oder mit einer kräftigen Fase (Winkel 45°) versehen. Für das Anreißen der Fase benötigen Sie das Streichmaß.
Außer zwei Teilen haben alle eine Außenkante. Wenn das Puzzle also zusammengesetzt werden soll, setzt man zuerst die äußeren Teile so zusammen, daß die Maserung paßt. Danach ist es nicht mehr besonders schwer, die beiden Mittelstücke einzupassen.

3. Am schwersten zusammenzusetzen ist das quadratische Puzzle (190 × 190 mm). Innerhalb der beiden Außenstücke sind zehn oder mehr Teile zusammenzusetzen. Die Schwierigkeit liegt darin, daß die Teile nicht nur aneinander, sondern auch aufeinander passen müssen.
Zuerst sägt man die vier Innenteile aus, die man dann senkrecht und waagerecht in je zwei bzw. drei Stücke aufteilt. Bei diesem Puzzle braucht man einiges an Geduld und ein Gefühl für den Verlauf der Maserung.

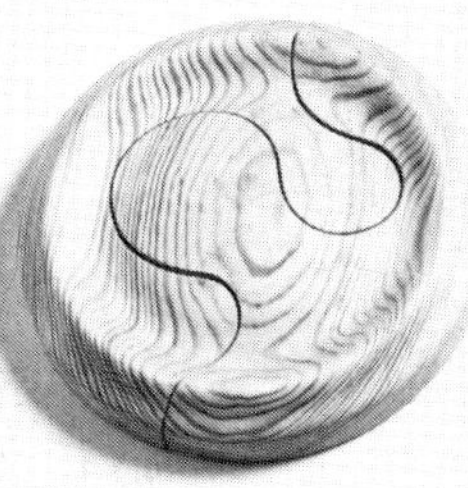
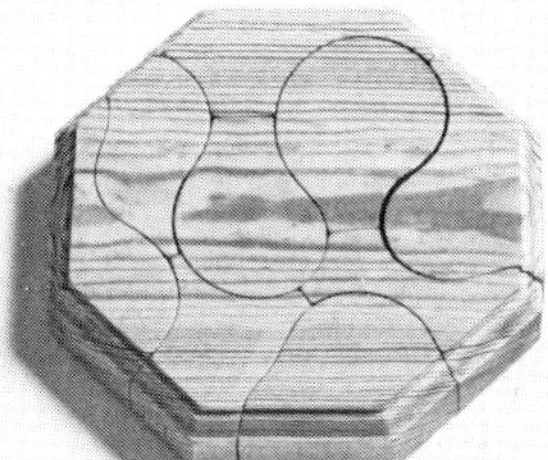
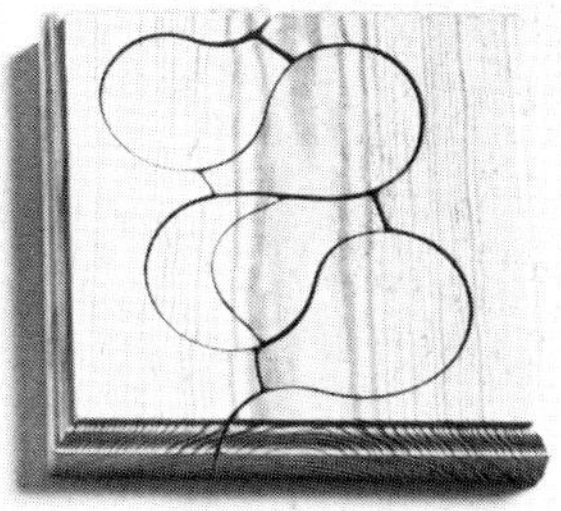

Holzpuppen

Die durch häufigen Gebrauch stark mitgenommene Puppe rechts auf der Abbildung gehörte einmal einem kleinen Mädchen zu Beginn des 19. Jahrhunderts. Der dazugehörige Puppenmann ist leider verloren gegangen.

Die Originale zu den beiden gedrechselten Puppen links, ebenfalls aus früheren Zeiten, entdeckten wir in einem Museum.

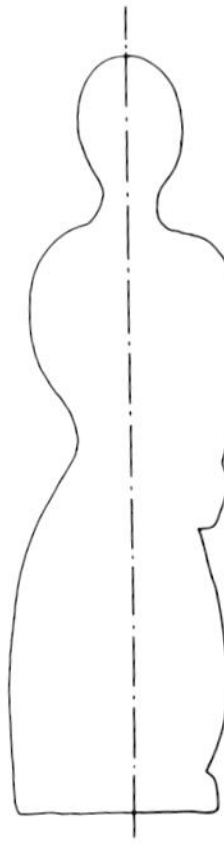

Die beiden Puppen links haben wir aus einem Holzstück mit den Maßen 70×70×200 mm gedrechselt. Die weibliche Puppe ist 65 mm, die männliche 60 mm dick. Das Material ist astfreies Kiefernholz mit Maserung in Längsrichtung. Das Puppenpaar daneben ist aus Lindenholz ausgesägt und geschnitzt (Holzdicke: 25 mm). Diese Holzart eignet sich besonders gut zum Schnitzen.

Diese Zeichnung finden Sie in Originalgröße auf S. 93.

Pferde

Sie benötigen hierfür Kiefernholz von besonders guter Qualität mit ausgeprägter Maserung. Als Werkzeug empfehlen wir eine Bandsäge mit schmalem Blatt.

Das große Pferd wird aus einem 34 mm dicken Holzstück ausgesägt. Anschließend wird das Stück so zurechtgefeilt und -geschmirgelt, daß es zum Kopf hin dünner wird (ca. 27 mm). Auch zum Hinterteil hin feilt man das Pferd dünner (ca. 29 mm). Am Rücken ist es 30 mm, am Bauch 34 mm dick.

Die Kanten werden sorgfältig abgerundet. Das mittlere und das kleine Pferd sägt man aus einem Holzstück von 40 mm Dicke, das man so spaltet, daß sich zwei bzw. drei Pferde aus dem einzelnen Stück ergeben. Die Dicke beim mittelgroßen Pferd ist ca. 21 mm, die beim kleinen ca. 14 mm.

Diese Zeichnung finden Sie in Originalgröße auf S. 94.

Schaukel

Hier haben wir eine große, stabile Schaukel. Maße: 240×465 mm.

Die Schaukel besteht aus zwei Teilen A (22×120×465 mm). Diese werden mit zwei Querstreben B (22×70×240 mm) verleimt und zusammengeschraubt. Alle Ecken und Kanten sorgfältig abrunden! Durch die Teile A und B bohrt man vier Löcher, durch die man das Seil zieht. Die Seilenden werden verspleißt oder geknotet und mit Bindegarn abgebunden.

Sprossenwand

Diese Sprossenwand ist 72 cm breit und 180 cm hoch. Die Seitenteile A bestehen aus Brettern mit den Maßen 34×145×1800 mm. 25 mm tiefe Löcher von 34 mm Durchmesser werden für die Rundstäbe B von 34 mm Durchmesser und 70 mm Länge gebohrt. Der Mittenabstand der Sprossen beträgt 150 mm, bei den beiden obersten Sprossen 300 mm. Abstand der Bohrlöcher von den äußeren Enden 75 mm. Die Rundstäbe werden nach Angabe von Leim in die Löcher eingefügt. Dann preßt man die Sprossenwand mit Hilfe von zwei Leimknechten zusammen. Achten Sie darauf, daß die Sprossen im rechten Winkel zu den Seitenteilen stehen. Das kontrolliert man durch Abmessen der Diagonalen, die gleich lang sein müssen.

Anschließend schraubt man die Sprossenwand mit vier oder sechs Winkeleisen an die Wand. Die Winkeleisen werden an den Innenseiten der Seitenteile angebracht. Der Abstand zwischen ihnen beträgt 600 mm. Für die Fußleiste sind entsprechende Aussparungen einzusägen.

Schaukeln, Trapez und Strickleiter

Die flache runde Schaukel ist 45 mm dick und hat einen Durchmesser von 290 mm. Am besten ist es, wenn man sie aus einem Stück Holz anfertigen kann. Man kann aber auch zwei Stücke von je 45×145 mm mit wasserfestem Leim zusammenleimen. Die Schaukel ist in der Mitte am dicksten, die dünneren Kanten werden abgerundet, damit man bequem sitzen kann. Das Loch in der Mitte ist – je nach Stärke des Seils – 22–25 mm im Durchmesser. Die Strickleiter ist 520 mm breit. Die Rillen für das Seil werden im Abstand von 25 mm von den äußeren Enden der Sprossen gefräst. Der Abstand zwischen den Sprossen beträgt 300 mm. Man nimmt das Seil doppelt und zurrt die Sprossen dazwischen mit einer Schnur fest.

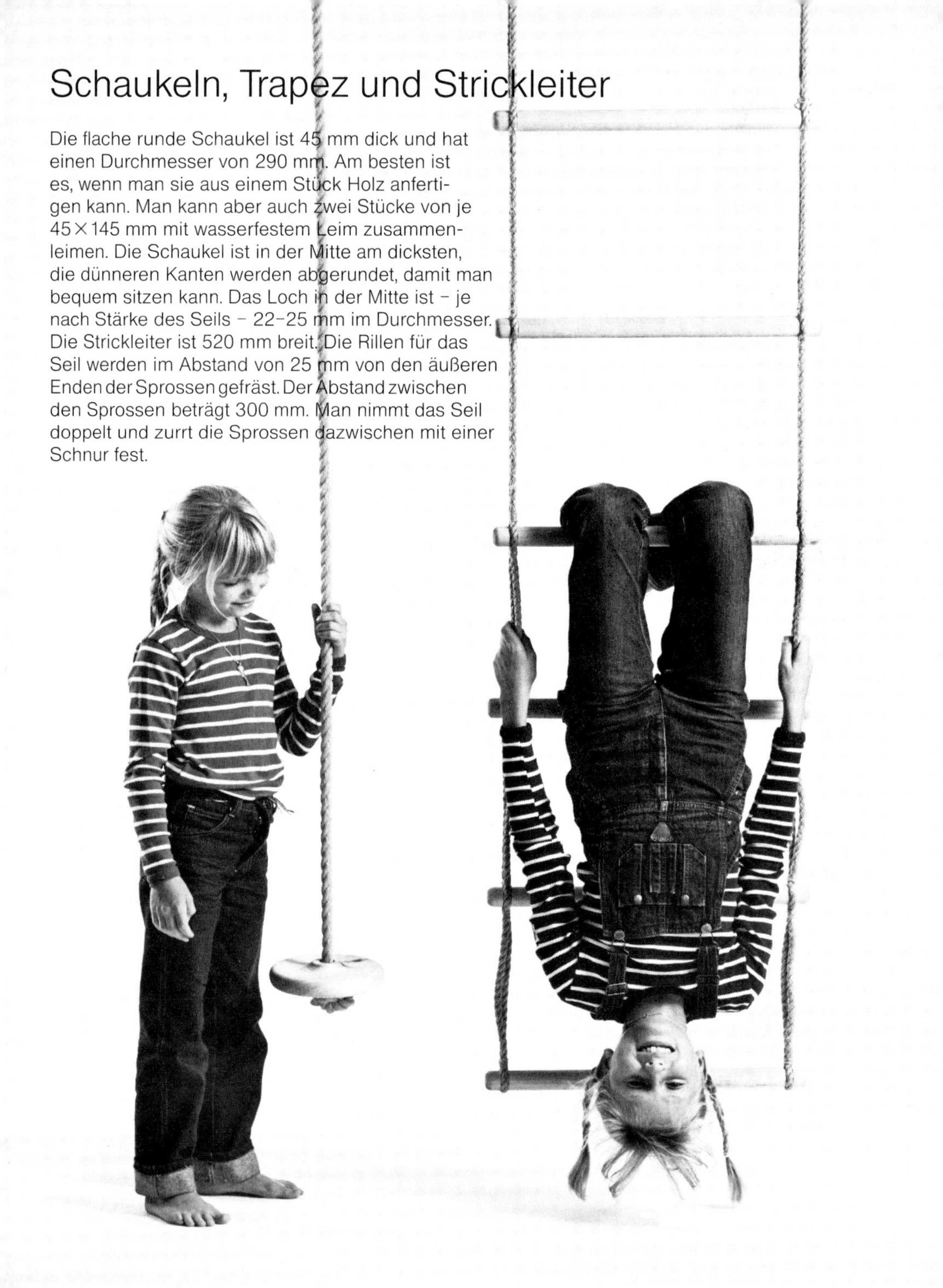

Die Knoten sollte man unbedingt sichern (mit Bindegarn abbinden), damit sie nicht aufgehen.

Die längliche Schaukel hat die Maße 45×85×400 mm. Sie ist in der Mitte am breitesten. Hier bohrt man das Loch für das Tau (Durchmesser: 22–25 mm). Die Schaukel läßt sich nach Belieben tief oder hoch hängen. Man hält sich dann mit den Händen fest und schaukelt im Hängen.

Das Rundholz für das Trapez hat einen Durchmesser von 34 mm und eine Länge von 700 mm. Die Rillen für das Seil (10–12 mm dick) befinden sich jeweils 35 mm von den Enden entfernt. Man kann sie drechseln, fräsen, sägen oder herausfeilen. Am besten spannt man das Rundholz in eine Drehbank. So kann man es auch ohne Schwierigkeiten mit Schleifpapier glätten.

Wer Zugang zu einer Tischkreissäge mit Seitenanschlag hat, kann die Rillen auch heraussägen. Das Seil spleißt man entweder ein, oder man macht einen Sicherheitsknoten (einen Knoten machen, das Seilende hochbiegen und mit einer Schnur festzurren).

Stelzen

Damit man das Gleichgewicht halten kann, müssen die Stelzen so lang sein, daß sie über die Schultern hinausreichen. Man kann so gleichzeitig die Stelzen mit den Händen festhalten und zwischen Armen und Körper festklemmen.

Wir haben jeweils doppelte Fußstützen in einer Höhe von 400 mm und 700 mm angebracht. Die untere ist für die ersten Gehversuche bestimmt. Wer mit dem Gleichgewicht keine Probleme mehr hat, kann sich auf die obere Stütze wagen.
Die Stöcke B bestehen aus Rundhölzern von 34 mm Durchmesser, Länge 1800–2000 mm. Die Fußstütze A sägt man aus einem Holzstück mit den Maßen 22×95×200 mm. An den Befestigungsstellen der Fußstützen feilt man mit einer Flachfeile 5–6 mm vom Rundholz ab, damit ebene Anlageflächen entstehen. Die Stützen werden festgeleimt und dann verschraubt.
Schrauben (je Stütze): durch das Rundholz in die Stütze 2 Senkkopf 4,0×60; durch die Stütze ins Rundholz 1 Senkkopf 4,0×50.

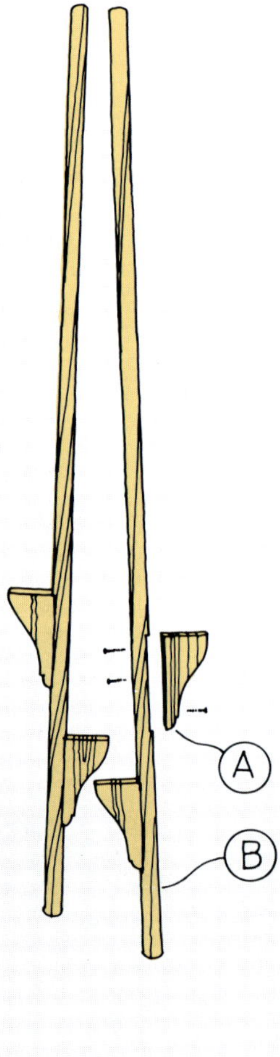

Steckenpferd

Der Kopf A des Steckenpferds wird aus einem 28 × 170 × 300 mm großen Stück ausgesägt, wobei die Kanten sorgfältig zu runden sind. Für die Augen bohrt man 6 mm tiefe Löcher mit einem Durchmesser von 25 mm. Der Stecken B ist ein Rundstab mit 34 mm Durchmesser, Gesamtlänge 1200 mm. Oben sägt man einen 220 mm langen Ausschnitt, an dem der Kopf verleimt und verschraubt wird (2 Holzschrauben Senkkopf 5,0 × 75). Das vorstehende Ende von 50 mm Länge oben stellt die Ohren dar. Es wird gerundet und abgefast.
Die Mähne D besteht aus acht 60 mm langen Seilstücken (Seildicke 10–12 mm), die man in ausgebohrten Löchern verleimt. Wenn der Leim trocken ist, zwirbelt man die Stücke zwischen den Fingern, dann wird die Mähne schön buschig. Überstehende Fasern kann man abschneiden.
Ganz unten sägt man einen Ausschnitt für das Rad C, das man aus einem Stück von 16 mm Dicke und 80 mm Ø sägt oder drechselt. Das Rad bewegt sich auf einer Achse. Dazu verwendet man einen Rundstab von 10 mm Ø, der mit der Stange B verleimt wird.

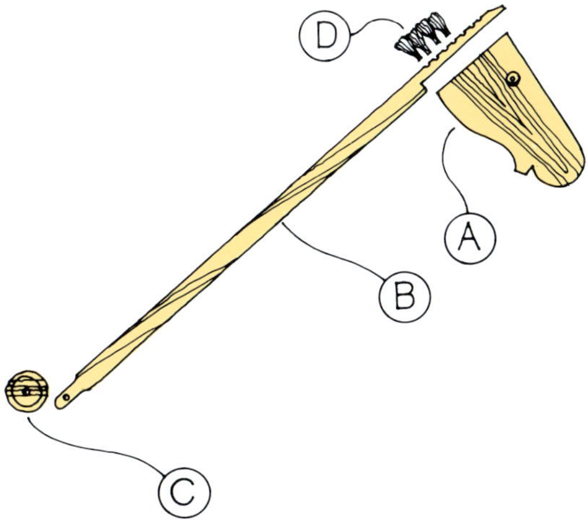

Pferd auf Rädern

Zu diesem Pferd auf Rädern hat uns ein altes Modell inspiriert, das ehemals auf Jahrmärkten und in Spielwarengeschäften verkauft wurde.

Der Sitz B mit den Maßen 22×175×390 mm erhält seine Form durch Aussägen. Die Rundung vorn und hinten hat einen Radius von 87,5 mm. Der Sitz wird aus zwei Stücken (22×95 mm) zusammengeleimt. Den Kopf A (22×120×220 mm) sägt man mit der Formsäge aus. Die Kanten müssen sorgfältig abgerundet werden. Der Griff G ist 180 mm lang und hat einen Durchmesser von 25 mm. Er wird entweder gedrechselt oder man nimmt einen Rundstab mit einem Durchmesser von 20 mm.

Zur Aufnahme des Griffs bohrt man ein Loch in den Kopf A und leimt ihn darin fest. Um ihn zu sichern, treibt man schmale Stauchkopfnägel durch den Kopf (A) hindurch in den Griff (G). Der Kopf A wird mit dem Sitz B verleimt und verschraubt. Verwenden Sie dazu zwei Holzschrauben Senkkopf 4,0×50. Die Beine D (22×95×220 mm) werden ebenfalls ausgesägt. Am oberen Ende verbindet man die Beinpaare mit zwei Holzstücken C, Maße 22×95×110 mm. D und C leimt und dübelt man zusammen (Dübel 6–8 mm Ø×35 mm).

Am unteren Ende werden die Beinpaare mit gedrechselten Hölzern F verbunden (Durchmesser 30 mm, Länge 130 mm). Dazu kommen noch 20 mm lange Zapfen an jeder Seite, die, auf 18 mm Durchmesser abgedreht, mit D verzapft werden. Alternativ kann ein Rundstab verwendet werden. Da F etwas länger bzw.

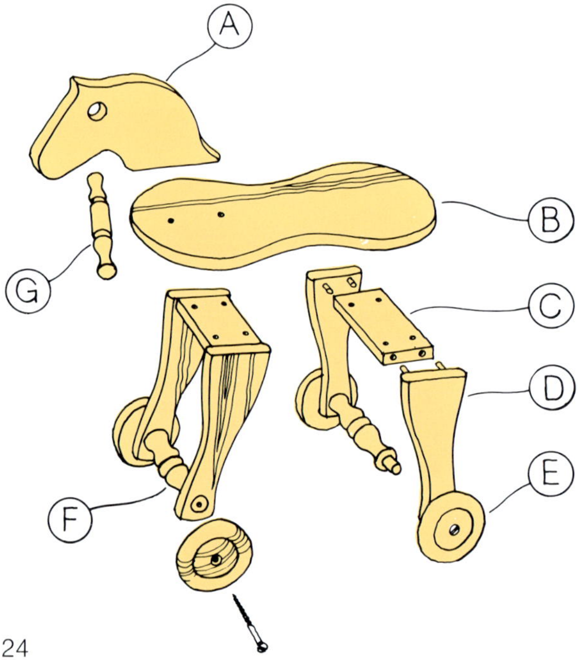

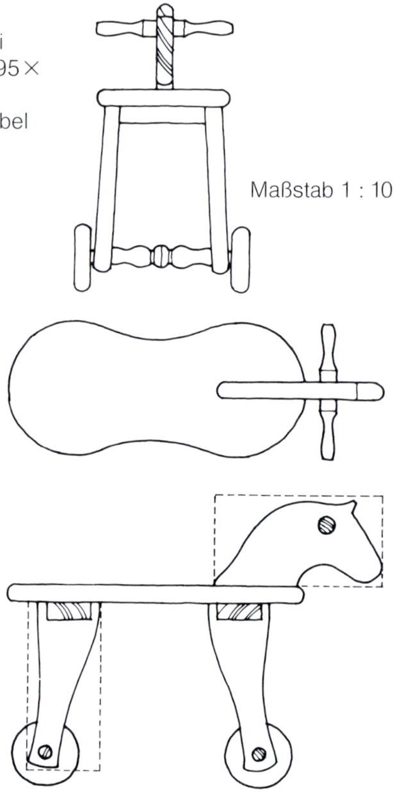

Maßstab 1 : 10

breiter als C ist, sind die Beine ein wenig ausgestellt, wodurch die Standfestigkeit verbessert wird. Daher müssen die Löcher zur Aufnahme von F etwas schräg durch D gebohrt werden. Die Räder E (22 mm) werden gedrechselt oder ausgesägt (Durchmesser 90 mm). Man schraubt sie mit Holzschrauben Senkkopf 4,0×60 fest. Zuvor wird an der Innenseite jedes Rades ein kleines Holzscheibchen angebracht.

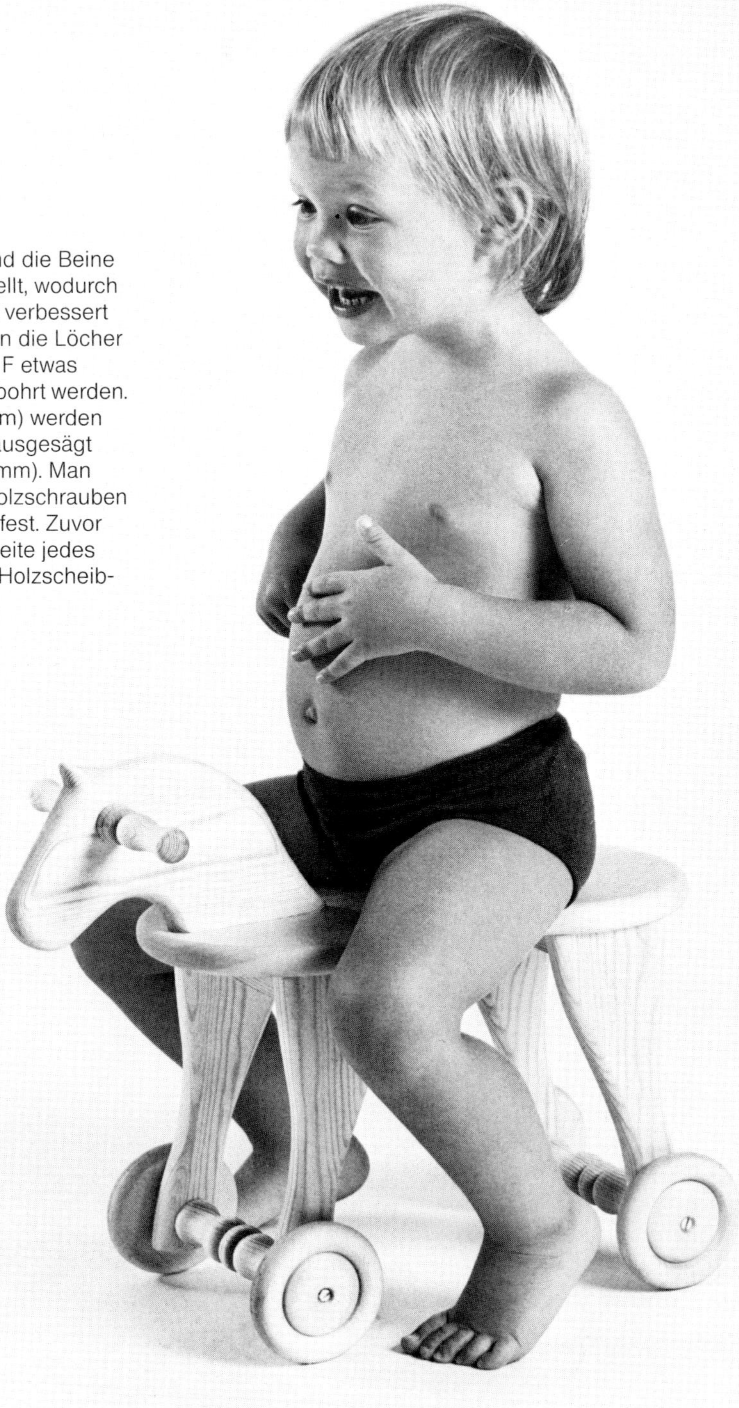

Schaukelpferd

Zum Aussägen der Kufen F (22×170×850 mm) kann man eine Bandsäge oder Schweifsäge verwenden. Die geschwungene Form der Kufen hat einen Radius von 700 mm. Den dazu erforderlichen Stangenzirkel stellt man aus einer dünnen Holzleiste her, in die zwei kleine Nägel im Abstand von 770 mm geschlagen werden.
Die Rundungen am Ende der Kufen verhindern, daß sich das Schaukelpferd überschlägt.
Die obere Rundung mit Radius 100 mm geht in eine mit Radius 35 mm über. Die beiden Kufen werden mit den Querbrettern C (22×95×360 mm) und E (22×95×316 mm) verbunden. C verleimt und verschraubt man der Oberseite der Kufen, in die man zuvor Ausschnitte von 20×95 mm gesägt hat. Schrauben: Senkkopf 4,0×50. E wird unterhalb von C zwischen den beiden Kufen F verleimt und verschraubt.
Die Griffe B (22×170×450 mm) verschraubt man mit C in einem Ausschnitt von 20×170 mm.
Die Rundung am oberen Ende erhält einen Radius von 85 mm. Durchmesser des Lochs 110 mm bzw. Radius 55 mm. Verwenden Sie dazu eine elektrische Stichsäge, eine Formsäge oder eine Schweifsäge. Zwischen die Griffe B kommt ein Querstück D von 22×170×460 mm.
Wenn man will, kann man in die Unterkanten von D und E dekorative Konturen einsägen.
Der Sitz A hat die Maße 22×170×460 mm. In der Mitte ist er etwas schmäler (125 mm). Man verleimt und verschraubt ihn mit den Teilen B und D.
Alle Kanten sollten gut abgerundet sein.

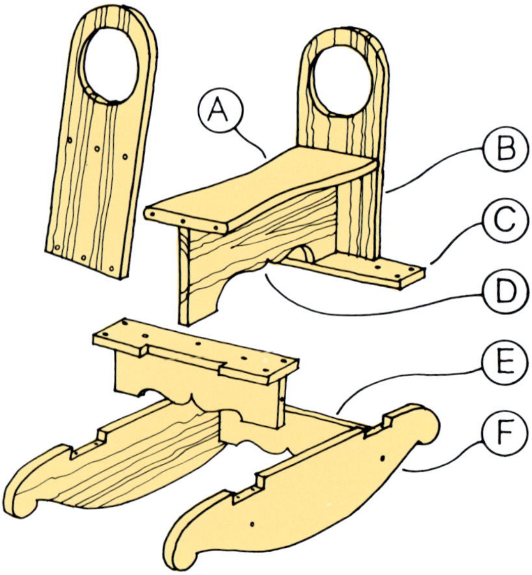

Klanginstrument I

Dieses Klanginstrument funktioniert ungefähr wie eine Spieluhr. Dreht man Kurbel und Walze D, dann treffen die vier Stifte C nacheinander auf vier dünne, verschieden lange Holzzungen G. Dabei erzeugen die Holzzungen vier verschiedene Töne.

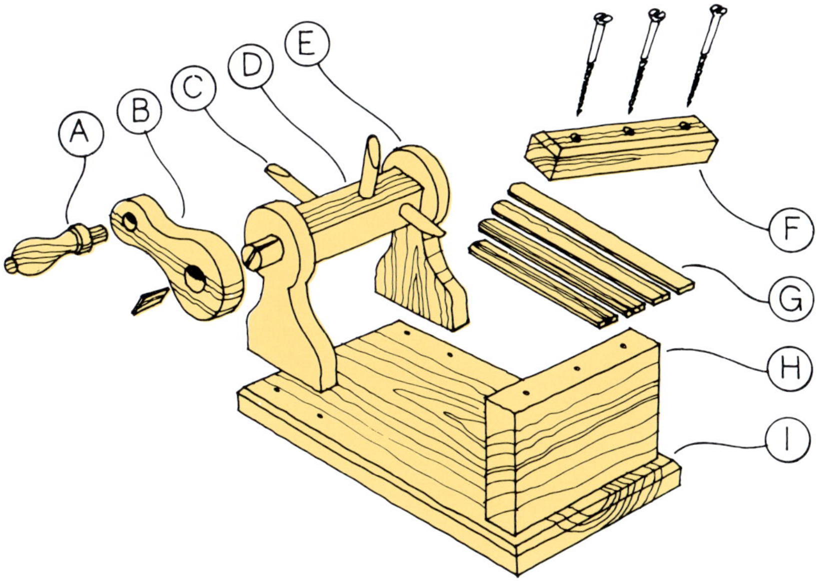

Die Maße der Bodenplatte I betragen 22×170×315 mm. Das Stück H (34×95×145 mm) wird verleimt und von der Unterseite verschraubt. Teil F, 22×34×145 mm, wird oben auf Teil H mit drei Holzschrauben Senkkopf 4,0×60 geschraubt. Dazwischen klemmt man die Zungen G (3×18×140–160–180–200 mm). Von den Klemmstellen an werden sie zum Ende hin auf 2 mm Dicke verjüngt.

Die Walze D (34×34×170 mm) wird so abgedreht, daß an den Enden zwei runde Zapfen mit einem Durchmesser von 24 mm entstehen. Der vierkantige Teil ist 120 mm lang. Hier werden vier Stifte C von 10 mm Ø in Bohrungen verleimt, so daß sie jeweils auf die Mitte einer Zunge weisen. Auf jede Seite von D kommt nur ein Stift. Die freie Länge der Stifte ist 25–45–65–85 mm. Die Enden werden abgeschrägt. Sie überlappen die Zungen G um ca. 4 mm. Die Walze D dreht sich in ausgebohrten Löchern zwischen den beiden Teilen E (16×95×150 mm). Diese werden mit der Bodenplatte verleimt und von oben verschraubt. Der Radius der oberen Rundung beträgt 32 mm. Die Kurbel B hat die Maße 22×64×132 mm. Ihr Radius beträgt an der Achse 32 mm, am Griff 18 mm. Ihren sicheren Sitz erreicht man durch Verleimen und durch einen flachen Holzkeil, den man in einen Sägeschlitz in der Achse hineintreibt.

Der Griff A wird aus einem Stück 26×85 mm einschließlich des Befestigungszapfens von 15 mm Durchmesser und Länge gedrechselt. Zur Aufnahme des Zapfens bohrt man ein entsprechend tiefes Loch in die Kurbel B.

Klanginstrument II

Wenn man die Kurbel dieses Klanginstruments betätigt, schlagen die sieben Hebelarme F gegen das Holzstück H. Je nachdem, wie viele Stifte E auf der Walze C zum Vorschein kommen, schnellen zwei, drei oder vier Hebelarme nach oben.

Die Maße der Bodenplatte I sind 22×170×400 mm.
Die Teile D sind identisch mit E auf Seite 29. Sie werden so angebracht, daß der Mittenabstand der Achsen 150 mm beträgt. Sie werden verleimt und von unten verschraubt. Die Achse G ist 152 mm lang und hat einen Durchmesser von 25 mm. Sie wird mit D verleimt.
Die Walze C ist identisch mit D auf Seite 29. Auf der Achse G bringt man die sieben Hebelarme F an (16×45×300 mm). In diese bohrt man Löcher mit einem Durchmesser von 27 mm in einem Abstand von 110 bzw. 190 mm von den Enden.
Das Teil H (22×95×150 mm) verleimt man mit der Bodenplatte und verschraubt es von unten. Die Stifte E (Durchmesser 10 mm) werden in vorher gebohrte Löcher gesteckt und verleimt, und zwar so, daß sie jeweils auf die Mitte der Hebelarme treffen, die angehoben werden sollen. Ihre freie Länge beträgt 45 mm.
Griff A und Kurbel B sind identisch mit A und B auf Seite 29.

Lernuhr

Ein nützliches Spielzeug zum Einüben von Ziffern und Uhrzeit. Die Zeiger lassen sich drehen und sind an einer durchgehenden Schraube mit Unterlegscheibe und Mutter befestigt. Dahinter werden zwei dünne Holzplättchen angebracht, die dafür sorgen, daß die Zeiger sich nicht zu leicht bewegen lassen und in jeder gewünschten Lage verharren. Die Mutter auf der Rückseite sichert man durch eine Konter-Mutter.

Der Durchmesser des Zifferblatts B beträgt 355 mm. Es wird aus drei Stücken von 22 × 120 mm Querschnitt zusammengeleimt und ist achteckig. Mit Hilfe der Oberfräse erhält es eine Profilkante. Man kann die Kante aber auch in einem Winkel von 30° abschrägen. Anreißen mit dem Streichmaß.
An die Rückseite leimt und schraubt man zwei Holzstücke A 22 × 45 × 220 mm als Abstandhalter zur Wand. Auf sie werden zwei Hängeösen 15 × 52 mm geschraubt.
Die Zeiger C sägt man aus einer Leiste mit den Maßen 9 × 34 × 150 bzw. 175 mm. Schraubengröße 5,0 × 65 mm. Zuerst befestigt man den Stundenzeiger, dem man zwei Holzplättchen als Abstandshalter unterlegt. Ein weiteres Holzplättchen bringt man zwischen Stunden- und Minutenzeiger an.
Die Ziffern werden doppelt so groß wie auf der nebenstehenden Zeichnung (s. Seite 96). Sie werden aus einer 9 mm dicken Platte mit der Laubsäge herausgesägt. Nehmen Sie ein schmales Sägeblatt und benutzen Sie das Laubsägetischchen, das Sie an der Werkbank festschrauben. Zeichnen Sie die Ziffern auf Transparentpapier durch und übertragen Sie sie mit Hilfe von Pauspapier auf das Holzstück. Nehmen Sie dazu einen angespitzten Bleistift.

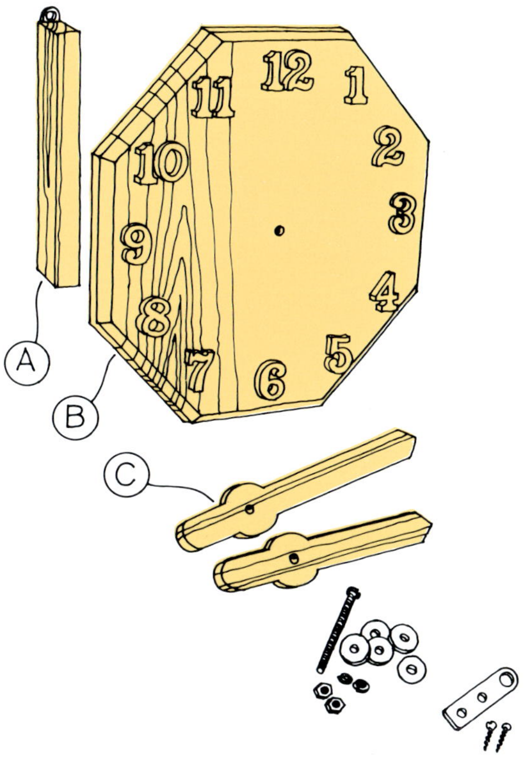

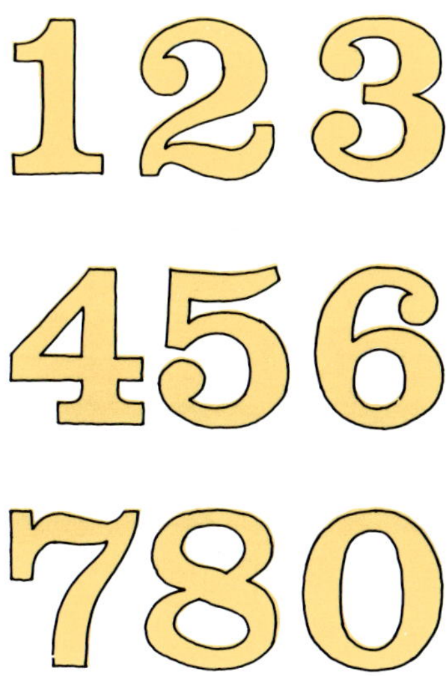

Auto

Der Grundkörper C entsteht aus einem Klotz von 45×110×215 mm. Für Kühler und Windschutzscheibe wird ein Ausschnitt von 45×75 mm gesägt. Das Dach A (16×58×165 mm), die Motorhaube B (16×58×80 mm) und die Gepäckbox G (22×30×55 mm) werden angeleimt und zusätzlich genagelt. Runden Sie die Kanten sorgfältig ab.

Die Räder F erhalten einen Durchmesser von 65 mm. Man kann sie drechseln oder aussägen. Werden sie gedrechselt, dann sollten sie 22 mm dick sein. Sägt man sie aus (Bandsäge, Schweifsäge oder stabile Laubsäge), nimmt man eine Dicke von 16–18 mm. Die Achsen D werden aus einem Rundstab, Durchmesser 10 mm, hergestellt. Um sie mit der Karosserie zu verbinden, bohrt man Löcher von 11–12 mm Durchmesser in einem Mittenabstand von 150 mm. In die Räder werden Löcher von 10 mm Durchmesser gebohrt. Räder und Achsen werden miteinander verleimt. Als Abstandhalter zwischen Karosserie und Rädern kann man Unterlegscheiben anbringen.

Die Kotflügel E werden aus einem 15 mm dicken Brett mit den Maßen 16×70×205 mm ausgesägt. Zeichnen Sie vorher die Form exakt auf. Der innere Radius der Kotflügel ist etwas größer als der der Räder. Nehmen Sie dazu einen Zirkel, dessen Spitze sie auch in dem Abstand einstechen, der dem Mittenabstand der Achsen D entspricht. Anschließend werden die Kotflügel verleimt und zusätzlich noch genagelt.

Rennwagen

Der Grundkörper B des kleinen Rennwagens hat die Maße 45×70×230 mm. Sägen oder bohren Sie zuerst die Sitzmulde aus (Radius ca. 45 mm). Ihre Vorderkante hat bis zur Vorderkante des Autos einen Abstand von 115 mm. Runden Sie die Kanten gut ab.
Der Fahrer A wird gedrechselt (Durchmesser 28 mm, Länge 45 mm) zusammen mit einem Zapfen (Durchmesser 15 mm, Länge 20 mm). Man verleimt den Zapfen in einem Loch von 15 mm Durchmesser. Die Unterkante des Fahrers muß so zurechtgefeilt oder -gesägt werden, daß sie in die Rundung der Sitzmulde paßt.
Die Räder C werden mit einem Mittenabstand von 162 mm angebracht. Zur Herstellung und Befestigung siehe S. 35.

Der Grundkörper B des anderen Rennwagens besteht aus einem Klotz mit den Maßen 45×70×280 mm. Der Abstand zwischen der Vorderkante der Sitzmulde und der Autovorderkante beträgt 115 mm.
Der Fahrer A ist 55 mm groß und hat einen Durchmesser von 31 mm. Die Herstellung und Befestigung erfolgen wie oben beschrieben.
Die Kotflügel D werden aus 16×70×290 mm großen Stücken ausgesägt. Die Räder E werden mit einem Mittenabstand von 177 mm angebracht. Zur Herstellung und Montage der Räder E, der Achsen C und der Kotflügel D siehe die Beschreibung auf S. 35.

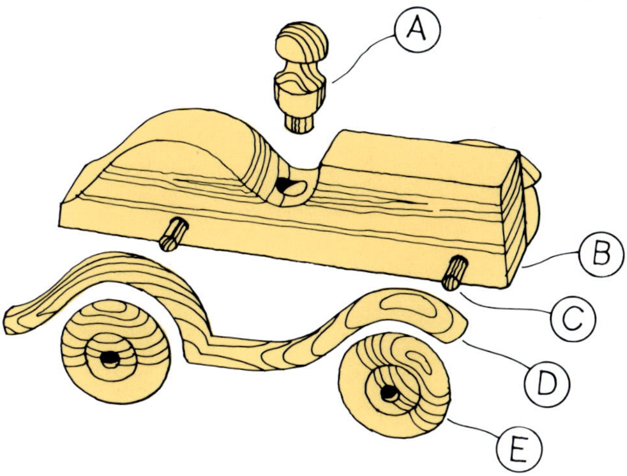

Lastwagen

Der Grundkörper C dieses Lastwagens entsteht aus einem Klotz 45×95×245 mm. Vorn wird ein Ausschnitt von 38×55 mm ausgesägt, der Ausschnitt hinten hat die Maße 58×133 mm. Die Motorhaube A (16×58×64 mm) und das Dach B (16×58×68 mm) werden verleimt und zusätzlich angenagelt. Die Kanten sorgfältig abrunden.
Die Radachsen G, bestehend aus 10 mm-Rundstäben, werden mit Mittenabstand von 176 mm angebracht.
Die Vorderräder J werden am besten gedrechselt, und zwar mit einer Dicke von 22 mm und einem Durchmesser von 50 mm. Die Hinterräder H werden auf 30 mm Dicke und 50 mm Durchmesser gedrechselt. Sie sind als Doppelreifenräder dicker. Zur Herstellung und Montage siehe Seite 35.
Die Kotflügel sägt man aus einem 16×58×170 mm großen Stück aus.
Die Kipp-Pritsche leimen und nageln Sie zusammen aus den Teilen: F 16×70×145 mm, E 9×45×155 mm und 9×45×88 mm. Die Ecken sägen Sie auf Gehrung und verbinden sie miteinander. Verwenden Sie dazu runde Stauchkopfnägel 25×1,0. Die Längsseiten E der Kipp-Pritsche werden hinten abgerundet. Die Verbindung mit dem Grundgestell erfolgt durch ein 45 mm breites Scharnier. Das Holzstück D entspricht der Dicke des Scharniers und hält die Pritsche waagerecht, wenn sie nach unten geklappt ist.

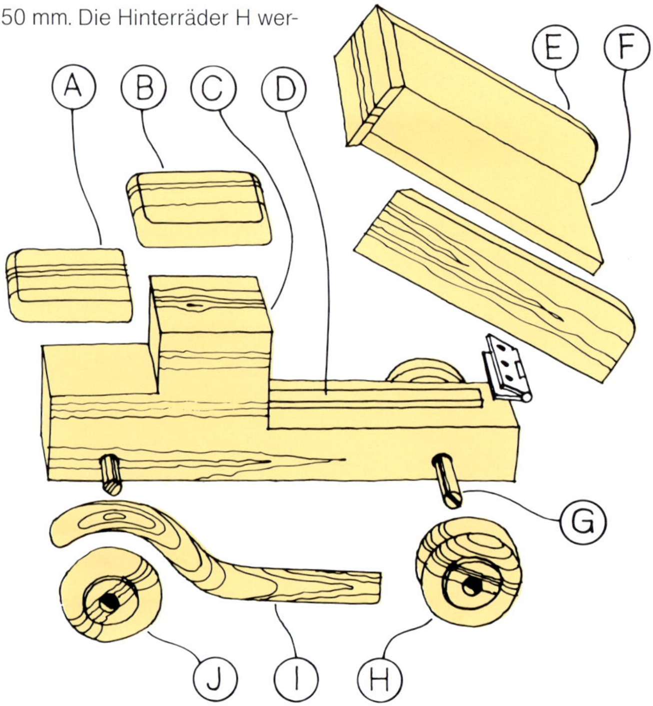

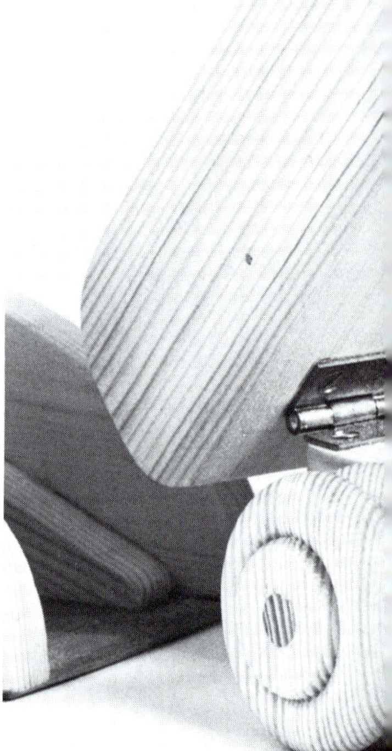

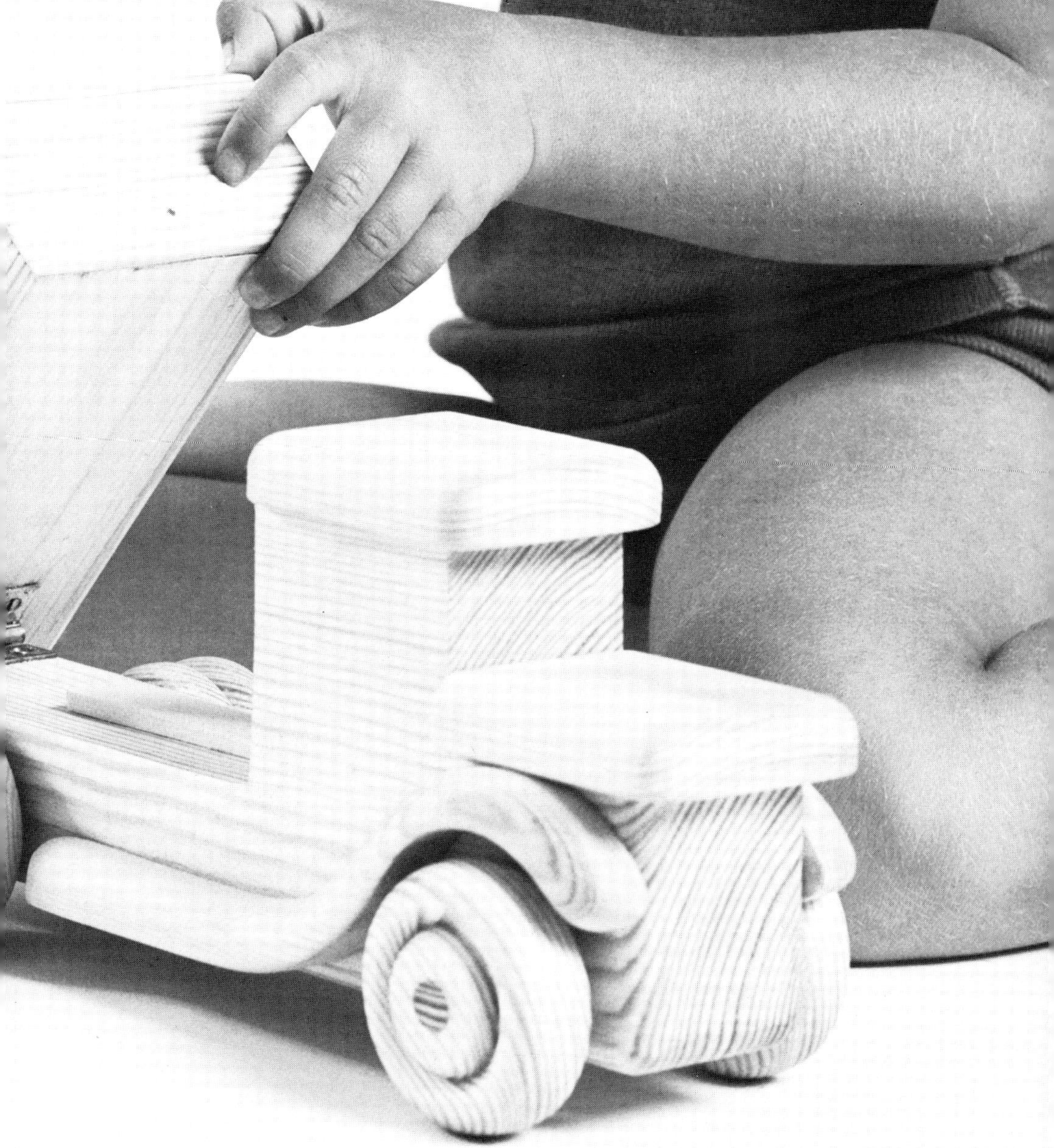

Frontlader

Den Grundkörper C sägt man aus einem Klotz 45×95×190 mm. Die Vorderkante wird wegen der Baggerschaufel mit der Säge in einem Winkel von 80° abgeschrägt. Für die Motorhaube sägt man einen 110 mm langen Ausschnitt, so daß das Fahrerhaus 35 mm und die hintere Kante 44 mm hoch wird. Das Dach A (16×58×80 mm) und die Motorhaube (16×58×120) werden angeleimt und zusätzlich genagelt. Die Kanten sind sorgfältig abzurunden.
Die Räder D werden gedrechselt: Dicke 22 mm, Durchmesser 60 bzw. 92 mm. Verwenden Sie zur Befestigung Senkkopf-Holzschrauben von der Größe 4,0×40 bzw. 4,0×65 und versenken Sie diese. Auf der Innenseite der Räder bringen Sie als Distanzhalter Unterlegscheiben aus Metall an. Die Schrauben nur so stark anziehen, daß sich die Räder leicht drehen lassen. Die großen Räder E werden mit den längeren Schrauben mit einem durch C führenden Rundstab verbunden (Länge des Rundstabs 78 mm, Durchmesser 20 mm). Das Loch für F bohrt man 25 mm von deren Unterkante des Grundkörpers und 45 mm von seiner Vorderkante.
Auf dem Rundstab F, zwischen den Rädern und Grundkörper, sitzt der Schaft H der Baggerschaufel (16×34×190 mm). Das hintere abgerundete Ende des Schafts stößt gegen die Motorhaube B, so daß die Schaufel nicht auf den Boden aufschlägt. Wenn man sie anheben will, braucht man nur mit dem Daumen auf den hinteren Schaftteil zu drücken.
Die Schaufel wird zusammengeleimt und zusätzlich genagelt, und zwar aus dem hinteren Teil J (16×66×78 mm) – dabei den Ausschnitt für den Schaft H nicht vergessen – zwei Seitenstücken G (16×66×78 mm), die vorn abgerundet werden, sowie einer Bodenplatte aus dünnem Sperrholz von 80×110 mm. Die Vorderkante der Bodenplatte fasen Sie schräg ab, so daß die Kante etwas dünner wird.

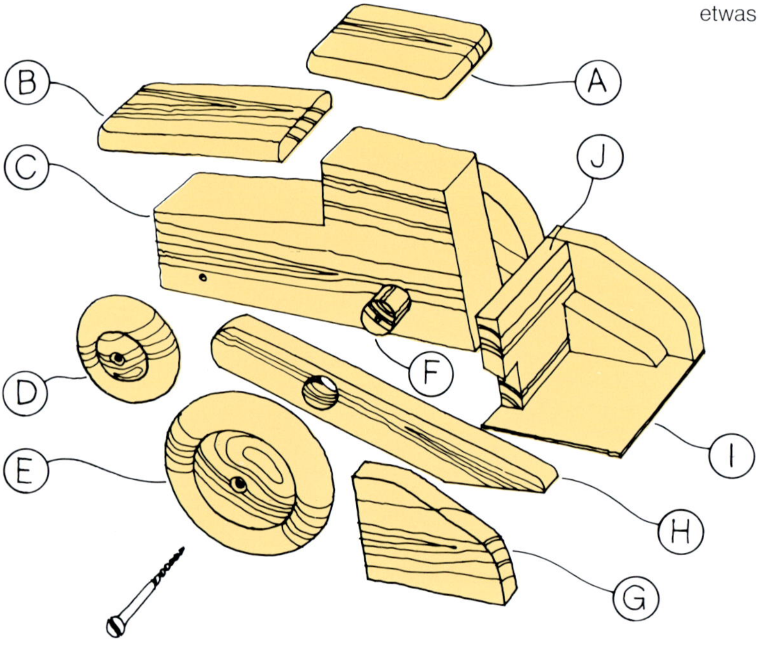

Zug

Die Lok A besteht zunächst aus einer Bodenplatte von 16×70×320 mm, die man an den Enden abrundet (Radius 60 mm). Die Räder können sie drechseln oder aussägen. Sie sind 16 mm dick. Die vier kleinen Räder erhalten einen Durchmesser von 44 mm, die vier großen von 70 mm. Die großen Räder werden an der Seite der Bodenplatte angeschraubt. Verwenden Sie Holzschrauben Senkkopf 4,0×40. Damit die kleinen Räder bis zur Unterlage reichen, sind Holzstücke von 16×22×72 mm Größe untergelegt. Diese beiden Querstücke leimt und nagelt man an die Unterseite der Bodenplatte 30 mm von Vorder- und Hinterkante entfernt. Die großen Räder verbindet man mit einer dünnen Holzleiste von 5×16 mm Querschnitt, die mit Holzschrauben (2,5×20) angeschraubt wird.

Der gedrechselte Kessel hat eine Länge von 165 mm und einen Durchmesser von 68 mm. Der ebenfalls gedrechselte Aufsatz ist 25 mm lang und hat einen Durchmesser von 28 mm. Er wird mit dem Kessel verleimt. Gedrechselt wird auch der Schornstein, und zwar mit einem Durchmesser zwischen 28 und 39 mm und einer Länge von 70 mm.
Maße des Führerhauses: Vorder- und Rückseite 16×70×85 mm, Seitenteile 16×45×50 mm, Dach 22×85×90 mm. Kohlentender: Rückseite 16×70×50 mm, Seitenteile 16×45×50 mm.
Die Bodenplatten für die Wagen haben jeweils die Maße 16×70×215 mm, die Enden sind abgerundet. Herstellung und Montage der Räder erfolgt wie bei den kleinen Rädern der Lok. Lok und Wagen werden mit Schraubösen und Haken aneinandergekoppelt.
Der gedrechselte Kesselwagen B hat einen Durchmesser von 85 mm und eine Länge von 180 mm. Er wird aus zwei Teilen von 45×95 mm zusammengesetzt und verleimt. Die Vorder- und Rückseite des Güterwagens C haben die Maße 16×70×57 mm und eine abgerundete Oberkante (Radius 60 mm). Maße der Längsseiten 16×45×145 mm. Maße des Personenwagens D: Querteile 16×38×85 mm, Seitenteile 16×85×177 mm, Fenster 25×50 mm. Der Fensterbogen wird ausgebohrt. Maße des Dachs 16×80×200 mm.

Flugzeug

Der Rumpf F dieses Flugzeugs wird aus einem 34 × 70 × 345 mm großen Holzklotz hergestellt. Die 16 mm breite Einkerbung hinter dem Motor (Abstand zur Vorderkante 38 mm) rund um den Rumpf wird am besten gefräst, kann aber auch gesägt, ausgestemmt oder gefeilt werden. Die Sitzmulde mit einem Radius von 45 mm wird ausgesägt oder ausgebohrt. Ihre Vorderkante ist 18 mm hinter der Tragfläche A. Der Pilot B wird gedrechselt (Durchmesser 26 mm, Länge 45 mm). Ge-

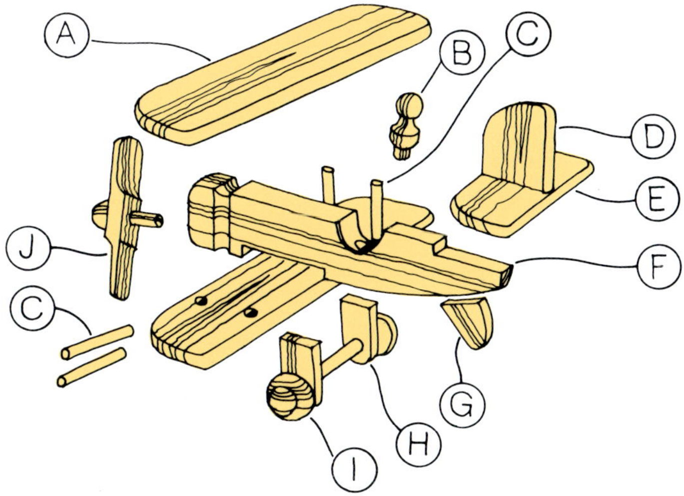

drechselt wird ebenfalls der Zapfen (Durchmesser 15 mm, Länge 20 mm). Der Pilot wird in eine entsprechende Ausbohrung eingesetzt und verleimt. Schneiden oder feilen Sie die Unterkante der Figur so zurecht, daß sie zur Rundung der Sitzmulde paßt.

An der Unterseite des Rumpfes sägt, stemmt oder feilt man eine 16×95 mm große Aussparung zur Aufnahme der Tragflächen A. Abstand zur Vorderkante : 70 mm. Die Aussparung für das Höhenruder E beträgt 16×70 mm.

Unterhalb der unteren Tragfläche A werden die Räder I montiert. Sie sind 22 mm dick und haben einen Durchmesser von 45 mm. Die Achse besteht aus einem 10 mm dicken und 150 mm langen Rundstab. Er wird durch die beiden Teile H (16×34×75 mm) hindurchgesteckt und anschließend verleimt und genagelt.

Die untere Tragfläche A (16×95×385 mm) wird in der dafür vorgesehenen Aussparung verleimt und verschraubt. Beide Tragflächen werden mit vier Streben C verbunden. Man nimmt dazu 10 mm dicke und 70 mm lange Rundstäbe, die in dafür vorgesehene Ausbohrungen gesetzt und verleimt werden. Die obere Tragfläche wird mit dem Rumpf F verleimt.

Das Höhenruder E (16×70×155 mm) wird mit dem Seitenruder D (16×70×80 mm) verleimt und verschraubt und anschließend auf dem Rumpf aufgeleimt. Teil G (16×38×55 mm) erhält zwei kleine Dübel und wird dann mit dem Rumpf verleimt. Der Propeller J (22×30×165 mm) wird geschnitzt und zurechtgefeilt. Die Propellernase wird gedrechselt. Die Befestigung am Rumpf geschieht durch einen 10 mm dicken und 60 mm langen Rundstab.

Passagierschiff

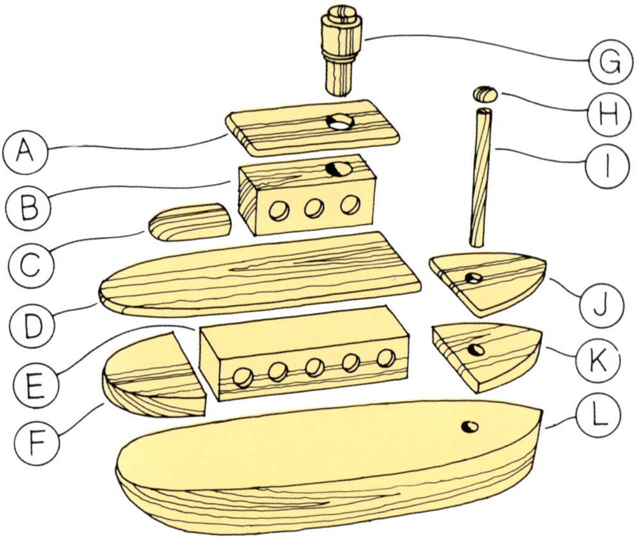

Für den Rumpf L (40×88× 300 mm) benötigen Sie Säge, Hobel und Feile. Stellen Sie zuerst eine Papierschablone her. Dazu zeichnen Sie die mittlere Linie des Rumpfes auf dem Holzstück an. Zeichnen Sie dann mit einem spitzen Bleistift die Umrißlinie einer Rumpfhälfte von oben her gesehen. Übertragen Sie jetzt den Umriß auf ein zweifach gefaltetes Transparentpapier; der Falz ist mit der Mittellinie identisch. Übertragen Sie dann die Form auf die andere Seite des Papiers und schneiden Sie diese aus.
Das Heck F (16×74×55 mm) wird verleimt und genagelt, ebenso der Bug K (16×77× 65 mm). Für die Montage reicht zunächst grobes Aussägen. K fällt nach hinten ab. Beide Teile werden so lange mit der Feile bearbeitet, bis sie exakt auf den Rumpf passen. Auf das Teil K wird das 4 mm dicke Deck J festgeleimt. Seine abgerundeten Kanten stehen rundum 3 mm über. Der Mast I besteht aus einem 10 mm dicken und 120 mm langen Rundstab. Er wird in einer dafür vorgesehenen Bohrung verleimt. Die Mastspitze H (Dicke 6 mm, Durchmesser 15 mm) wird gedrechselt und mit dem oberen Ende verleimt.
Die Kabine E (28×45× 132 mm) wird an Teil F angesetzt. Für die Bullaugen bohrt man in 25 mm Mittenabstand 4 mm tiefe Löcher mit einem Durchmesser von 15 mm. Auf Teil E wird das Deck D (4× 70×200 mm) festgeleimt. Es ist etwas schmäler als der Rumpf. Seine Rundung muß am Heck mit der von F übereinstimmen.
Auf das Deck wird ein Ruderhaus B geleimt. Maße: 28× 34×88 mm. Maße des Dachs: 4×55×102 mm. Hinter dem Ruderhaus gibt es das Teil C, hergestellt aus einem halbierten Rundstab von 28 mm Durchmesser und 42 mm Länge mit einer Abrundung am hinteren Ende.
Der Schornstein G wird gedrechselt. Er hat eine Höhe von 65 mm und einen Durchmesser von 18 bzw. 24 mm.

Fischerboot

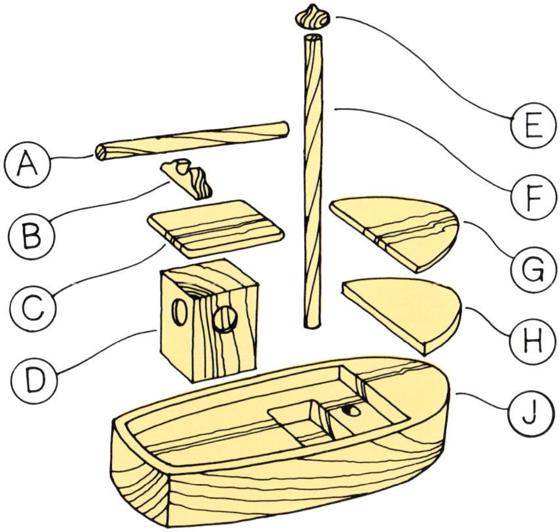

Der Rumpf J besteht aus einem Stück mit den Maßen 45 × 110 × 245 mm. Verfertigen Sie, wie auf Seite 46 beschrieben, eine Papierschablone, auf der die Außenseite des Rumpfes, die Innenseite der Reling und des Laderaumes dargestellt werden. Die Bordkante ist 8 mm breit und 13 mm tief, der Laderaum hat die Maße 45 × 60 mm bei einer Tiefe von 16 mm. Stemmen Sie das Innere des Rumpfes mit dem Stemmeisen aus, bevor Sie die Außenseite aussägen, hobeln und feilen. Bohren Sie zuvor eine Anzahl 13 mm bzw. 13+16 mm tiefe Löcher. Hat man eine Oberfräse zur Hand, kann das Rumpfinnere ausgefräst werden. Verwenden Sie dabei eine gerade Stichfräse und eine aus einer dünnen Sperrholzplatte ausgesägte Schablone, um danach die Fräse zu steuern. Den Bug bildet ein halbrundes Stück H (16 × 105 × 57 mm). Verleimen und nageln Sie es so, daß es Gefälle nach hinten bekommt. Arbeiten Sie mit der Feile so lange nach, bis es exakt auf den Rumpf paßt, nachdem Sie es zuvor montiert haben.

Darauf wird das 4 mm dicke Deck G verleimt. Die abgerundeten Kanten stehen rundum 3 mm über.

Zur Aufnahme des Mastes F (Höhe 220 mm, Durchmesser 10 mm) wird ein Loch gebohrt. Anschließend wird er verleimt.

Die Mastspitze E (Dicke 12 mm, Durchmesser 20 mm) wird ebenfalls geleimt.

Das Steuerhaus D hat die Maße 45 × 45 × 62 mm, das Dach C ist 4 × 60 × 70 mm groß.

Der Baum A (Länge 135 mm, Durchmesser 10 mm) wird verleimt und genagelt (runde Stauchkopfnägel, Größe 25 × 1,0). Er verbindet den Mast mit der Stützunterlage B (12 × 12 × 40 mm).

Pferdefuhrwerk

Die Vorlage für dieses beliebte Spielzeug stand auch im Kinderzimmer des Verfassers. Es wurde um 1940 bestellt und von einem Tischler hergestellt.

Die Seitenteile A (6×45×160 mm) des Wagens werden an die Querteile B (16×70×100 mm) geleimt und genagelt. Die Rundungen oben haben einen Radius von 70 mm. Verwenden Sie runde Stauchkopfnägel der Größe 25×1,0 mm. Der Wagenboden C hat die Maße 6×116×164 mm. Die abgerundeten Kanten stehen rundum 2 mm über.

Die Holme E (9×14×315 mm) werden nach vorn etwas schmäler. Man verleimt und verschraubt sie so mit der Unterseite des Bodens, daß sie 195 mm weit vorkragen. Verwenden Sie Holzschrauben Senkkopf 2,5×18. Der innere Abstand zwischen den Holmen beträgt 45 mm.
In der Mitte unter dem Wagen an der Unterseite der Holme wird eine Querstrebe angeleimt und angenagelt (Maße 16×16×130 mm). An ihren Enden werden die Räder D (Dicke 16 mm, Durchmesser 90 mm) angeschraubt. Verwenden Sie Senkkopf-Schrauben 4,0×50 und an der Innenseite Unterlegscheiben.
Das Pferd F wird aus einem 22×150×230 mm großen Brett ausgesägt. Für die Augen bohren Sie Löcher von 2 mm Tiefe und 6 mm Durchmesser. Das Pferd wird verleimt und auf die Bodenplatte G (16×45×190 mm) geleimt und geschraubt. Größe der Holzschrauben, durch die Boden und Beine verbunden werden: Senkkopf 4,0×50.
Die Räder H sind 16 mm dick und haben einen Durchmesser von 40 mm. Sie werden an der Längsseite der Bodenplatte angeschraubt (Senkkopf 4,0×35). Verwenden Sie auch hier bei allen Rädern Unterlegscheiben.
Die Holme werden in zwei 25 mm lange Schraubhaken eingehakt, die an der Flanke des Pferdes angebracht werden. Sägen oder bohren Sie zuvor zwei längliche Schlitze (Länge 25 mm, Breite 5 mm) in die Holme.

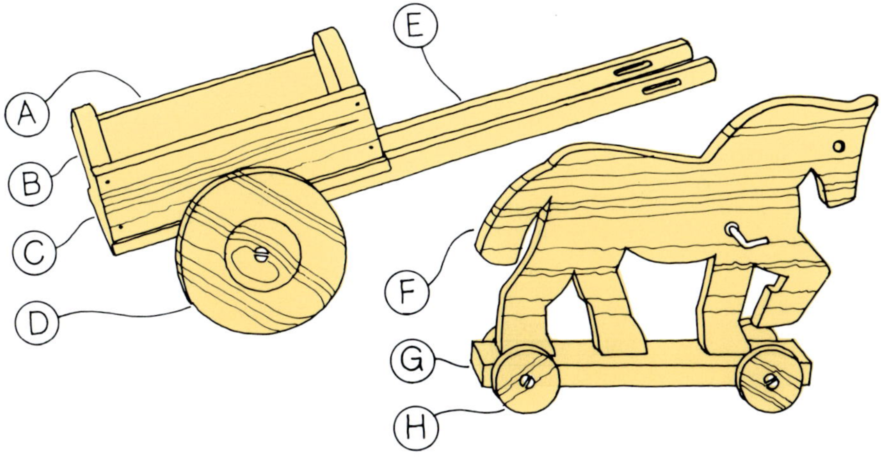

Traktor und Anhänger

Mit seinen 60 cm Länge und 40 cm Höhe ist dies ein stattlicher und stabiler Traktor! Man kann problemlos auf dem Dach oder der Motorhaube Platz nehmen, sofern Auspuffrohr bzw. Schornstein abnehmbar sind, und durch die Gegend fahren. Der Anhänger ist 40 cm lang und 35 cm hoch. Der Kastenaufsatz kann gekippt werden.

Die Bodenplatte L des Traktors hat die Maße 22×170×570 mm. Die Ecken werden in einem Radius von 45 mm abgerundet. Von unten, 55 mm von der Vorderkante entfernt, wird das Querstück I (34×45×200 mm) verleimt und angeschraubt. Auf die Bodenplatte wird dann das Querstück K (34×70×200 mm) montiert, und zwar mit 140 mm Abstand von der hinteren Kante. Die Vorderräder H, 34 mm dick mit einem Durchmesser von 140 mm, werden gedrechselt und dann mit I verschraubt (Senkkopf-Schrauben 6,0×100). Die Hinterräder J werden ebenfalls gedrechselt. Sie sind 34 mm dick und haben einen Durchmesser von 280 mm. Sie werden mit K verschraubt, und zwar genau in der Höhe, daß Bodenplatte und Standfläche parallel sind.

Die Seiten G sägt man aus Brettern mit den Maßen 22×145×520 mm zurecht. Vorne schneidet man das Holz in einem Winkel von 80° ab, hinten in einem Winkel von 70°. Die Motorhaube neigt sich nach vorn, so daß die Höhe von G ganz vorn 120 mm beträgt. Schneiden Sie einen Ausschnitt für K.

Die Seiten B (22×170×270 mm) des Fahrerhauses werden an der hinteren Kante in einem Winkel von 80° schräg abgesägt, so daß die Breite der oberen Kante 125 mm beträgt. Fertigen Sie für K einen Ausschnitt. Die Teile B und G werden verleimt und geschraubt. Die Seitenteile G verbindet man vorne mit einem 22×78×120 mm

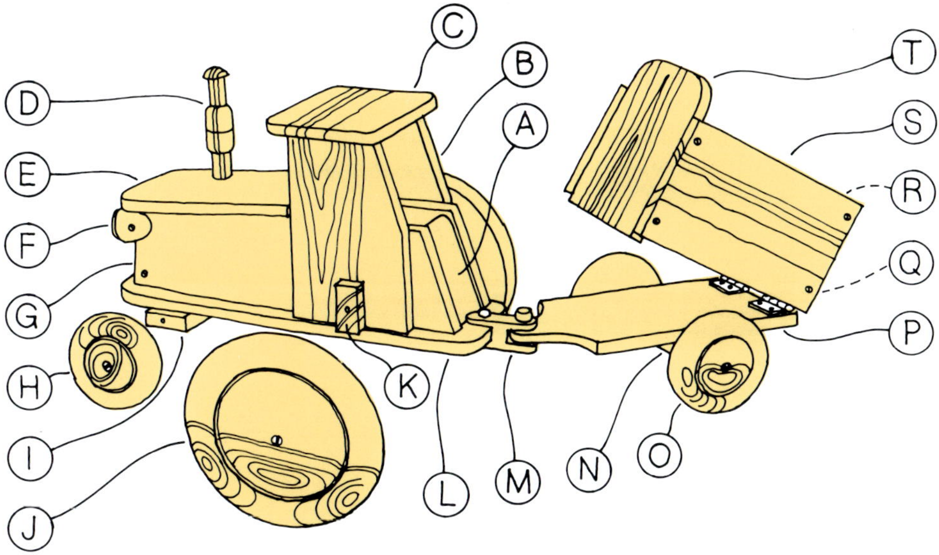

großen Brettchen (auf der Zeichnung nicht sichtbar), hinten mit A (22×78×145 mm). Man verleimt und verschraubt sie mit den Seitenteilen (Holzschrauben Senkkopf 4,0×50). Anschließend verleimen und verschrauben Sie von unten her Fahrerhaus und Seitenteile mit der Bodenplatte. Das Dach C (22×170×210 mm) wird auf B aufgeleimt und angeschraubt. Die Ecken werden mit einem Radius von 20 mm abgerundet.
Die Motorhaube E hat die Maße 22×170×300 mm. Die vorderen Ecken werden mit einem Radius von 45 mm abgerundet. Sie wird auf die Seitenteile G aufgesetzt und befestigt.
Auspuff oder Schornstein D wird gedrechselt und erhält einen Durchmesser von 25 bzw. 38 mm und eine Länge von 190 mm. Man kann ihn in einem gebohrten Loch festleimen. Da sich die Motorhaube nach vorn neigt, muß – damit das Auspuffrohr auch wirklich senkrecht steht – das Loch etwas schräg gebohrt werden.
Die Scheinwerfer F werden mit einem Durchmesser von 45 mm und einer Länge von 50 mm gedrechselt. Man verleimt und verschraubt sie in Aussparungen der Seitenteile G. Die Scheinwerfer können alternativ auch aus einem Rundstab gefertigt werden.
Die Anhängerkupplung M (34×45×100 mm) besteht aus dichtgewachsenem und festem Kiefernkernholz. Fertigen Sie einen Ausschnitt von 22×32 mm für die Bodenplatte L und einen weiteren Ausschnitt von 25×40 mm für den Wagen.
M wird durch eine durchgehende Schraube (Durchmesser 8 mm) mit Mutter befestigt. Mit Hilfe eines Holzsplints (Durchmesser 8 mm), der durch gebohrte Löcher gesteckt wird, den Wagen koppelt man. Zieht man den Holzsplint heraus, wird der Anhänger abgekoppelt. Die Bodenplatte P (22×170×410 mm) des Wagens verjüngt sich nach vorne, wo das Loch für den Splint gebohrt wird.
Das Querstück N und die Räder O entsprechen I und H. Der kippbare Kasten, der am hinteren Ende durch zwei Scharniere befestigt wird, besteht aus einem Unterteil Q (22×170×280 mm), einer Rückwand R (22×170×170 mm), einem Vorderteil T (22×170×230 mm) und zwei Seitenteilen S (22×170×324 mm). Das Vorderteil ist höher als die übrigen Seiten. Runden Sie die oberen Ecken in einem Radius von 45 mm ab. Unten steht das Vorderteil so weit über, wie das Scharnier dick ist, ca. 7 mm, so daß Q und P parallel sind, wenn der Kasten heruntergeklappt ist. Runden Sie alle Kanten sorgfältig ab.

Lastwagen

Wie der Traktor ist auch dieser Lastwagen von beachtlicher Größe. Er ist immerhin 65 cm lang, 27 cm breit und 42 cm hoch. Die Ladepritsche ist kippbar, und sogar die Motorhaube läßt sich öffnen.

Die Bodenplatte H hat die Maße 22 × 170 × 640 mm. Die Ecken werden in einem Radius von 45 mm abgerundet. Die drei Radpaare aus I und J entsprechen den kleineren Rädern des Traktors und denen des Wagens auf Seite 51 und werden auf die gleiche Weise angefertigt und befestigt. Das vordere Querstück I wird in einem Abstand von 70 mm zur Vorderkante angebracht, die hinteren in einem Abstand von 50 mm zur Hinterkante.

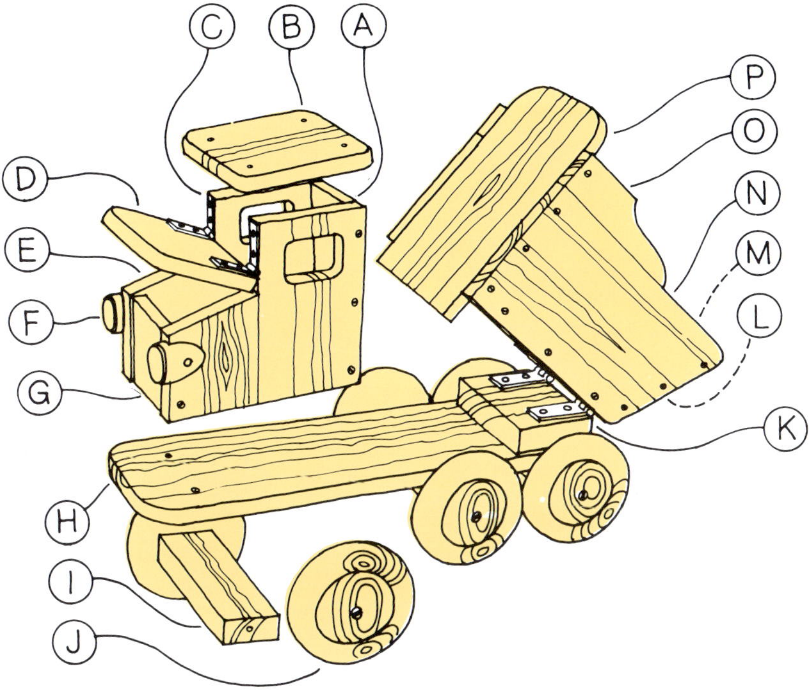

Das Fahrerhaus besteht aus den Seiten C (22 × 120 × 220 mm), die mit E (22 × 120 × 140/110 mm) verleimt werden. Zur Verstärkung der Verleimung können Sie unten an den Innenseiten der Seitenteile eine Leiste (22 × 34 × 190 mm) anbringen. In einem Abstand von 25 mm zur Oberkante werden zwei Fenster (50 × 60 mm) ausgesägt und ausgebohrt.
C und E werden mit dem Vorderteil G (22 × 95 × 110 mm) und dem Rückenteil A (22 × 95 × 220 mm) verleimt und verschraubt.
Das Dach B (22 × 170 × 160 mm) wird ebenfalls verleimt und angeschraubt.
Die Motorhaube D (22 × 170 × 140 mm) wird mit zwei schmalen Scharnieren befestigt. Die Ecken von B und zwei Ecken von D werden in einem Radius von 20 mm abgerundet.
Die Scheinwerfer F entsprechen denen des Traktors auf Seite 51.
Das Fahrerhaus wird mit der Bodenplatte in einem Abstand von 30 mm zur Vorderkante verleimt und verschraubt. Die Kipp-Pritsche wird mit zwei Scharnieren auf einem Klotz K (34 × 120 × 150 mm) befestigt. K wird mit der Bodenplatte in einem Abstand von ca. 30 mm zur Hinterkante verleimt und verschraubt.
Die Kipp-Pritsche besteht aus einem Boden M (22 × 170 × 250 mm), einem hinteren Teil L (22 × 170 × 170 mm), einem Vorderteil P (22 × 170 × 300 mm) und zwei Seitenteilen N/O.
N hat die Maße 22 × 170 × 375 mm und ist hinten in einem Winkel von 118° schräg abgesägt. O mit den Maßen 22 × 45 × 220 mm wird (entsprechend der Zeichnung) nach hinten schmäler zugesägt. Die vordere Wand P ist höher als die übrigen Seiten. Ihre oberen Ecken werden im Radius 45 mm abgerundet. Sie steht nach unten ca. 42 mm über, entsprechend der Stärke des Klotzes K und der Scharniere, so daß der Boden M in der Ausgangslage des Kastenaufsatzes waagerecht liegt. Der Abstand zwischen dem Dach B und dem Vorderteil P der Pritsche sollte 25 mm betragen, damit man sich die Finger nicht einklemmen kann.

Schubkarre

Die Seitenteile C (22 × 165 × 510 mm) werden mit dem Rükkenteil A (22 × 95 × 240 mm) sowie mit dem Vorderteil G (22 × 170 × 240 mm) zusammengeleimt und verschraubt. Die oberen Kanten werden sorgfältig abgerundet, die Unterkante des Vorderteils wird abgefast.
Der Boden besteht aus zwei Brettern F (16 × 120 × 400 mm). Sie werden mit den Unterkanten des vorderen und des hinteren Teils verbunden. Die Bodenbretter werden von den Seitenteilen C verdeckt.
Die Handgriffe D werden aus einem Brett mit den Maßen 22 × 145 × 1000 mm ausgesägt. Die S-Form und damit die Breite dieses Brettes kann man vermindern, je mehr man die Stützbeine E verlängert. Die Handgriffe haben unter der Schubkarre einen Querschnitt von 22 × 45 mm; zum anderen Ende hin verjüngen sie sich auf 22 × 30 mm. Sie werden angeleimt und von unten durch F hindurch mit A und G verschraubt. Vorn, wo die Radachse befestigt wird, beträgt der Innenabstand 90 mm; hinten bei den Griffenden ist der Abstand 290 mm. Das Rad sägt man aus, oder es wird gedrechselt. Es ist 22 mm dick und hat einen Durchmesser von 190 mm. Die Achse besteht aus einem 22–25 mm dicken und 90 mm langen Rundstab, der in einem knapp bemessenen Bohrloch im Zentrum des Rades verleimt wird. Die Achse wird vorne zwischen den beiden Enden von D verschraubt. Verwenden Sie Holzschrauben 4,0 × 60. Ziehen Sie die Schrauben nicht zu fest an; sie müssen sich zusammen mit Achse und Rad drehen.
Zum Schluß werden die Stützen E (16 × 45 × 190 mm), die nach unten schmäler werden, montiert. Man schraubt sie an die Außenseiten der Griffholme D. Zwischen den Stützen wird ein Querholz B (22 × 70 × ca. 225 mm) angebracht. Dessen Schmalseiten werden so zurechtgesägt, daß es exakt zwischen die Innenseiten der Stützen paßt. Sie können der Unterkante des Querholzes nach dem Muster von D und E beim Schaukelpferd (Seite 26) eine schön geschwungene Form geben.

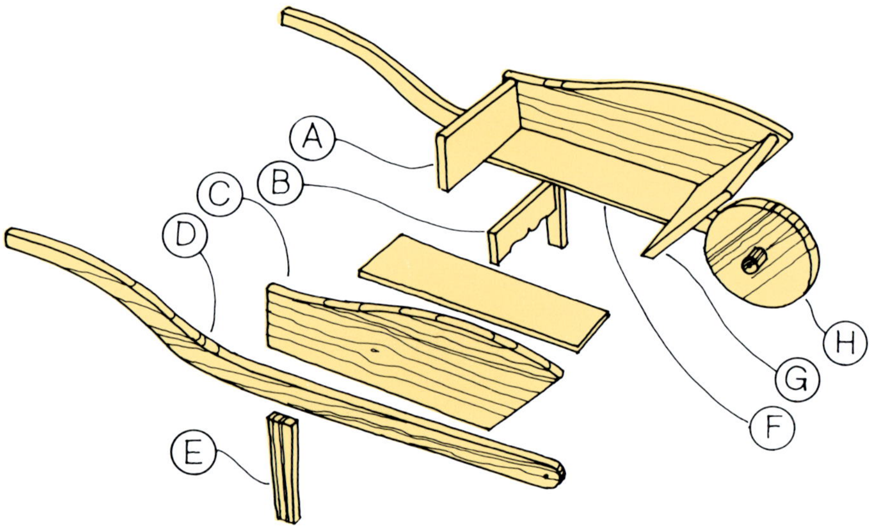

Seifenkiste

Der Grundkörper der »Seifenkiste« besteht aus zwei längs verlaufenden Brettern C (22×70×900 mm) und zwei quer verlaufenden Brettern G (22×70×600 mm). An den letztgenannten werden die Räder F montiert. Die Teile C werden mit dem hinteren Querbrett G im Abstand von 70 mm voneinander festgeleimt und verschraubt. Verwenden Sie Senkkopf-Holzschrauben der Größe 4,0×40.

Die beiden Stützen B (22×70×310 mm) der Rückenlehne werden an die Außenseiten der Bretter C geschraubt. Sägen Sie B schräg zu, so daß die Breite oben 25 mm beträgt. Zwei Stützhölzer D (22×70×320 mm) werden ebenfalls hinten festgeschraubt. Sie sollten vorn schräg abgefast sein. Sägen Sie für B eine Aussparung von 22×70 mm. Vorne werden die längs verlaufenden Bretter C mit den Teilen H (22×70×70 mm) und E (22×70×210 mm) verbunden. Durch die Teile E und H wird ein Loch gebohrt mit einem Durchmesser von 9 mm für die Schloßschraube J, die ebenfalls einen Durchmesser von 9 mm hat und 85 mm lang ist. Damit das vordere Querbrett G

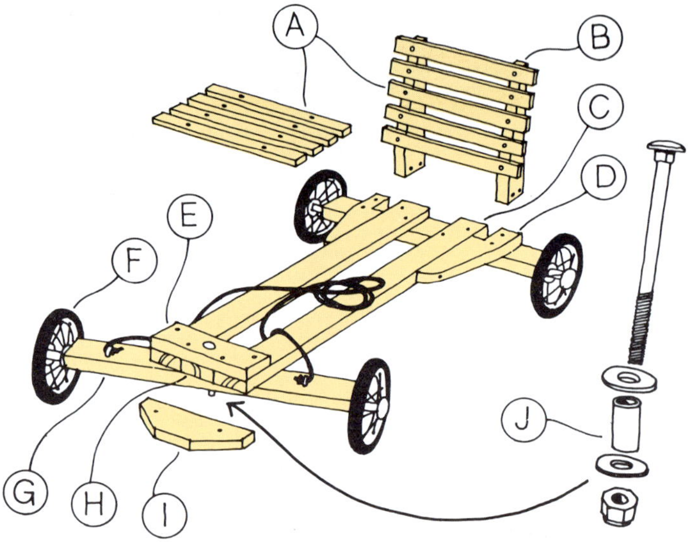

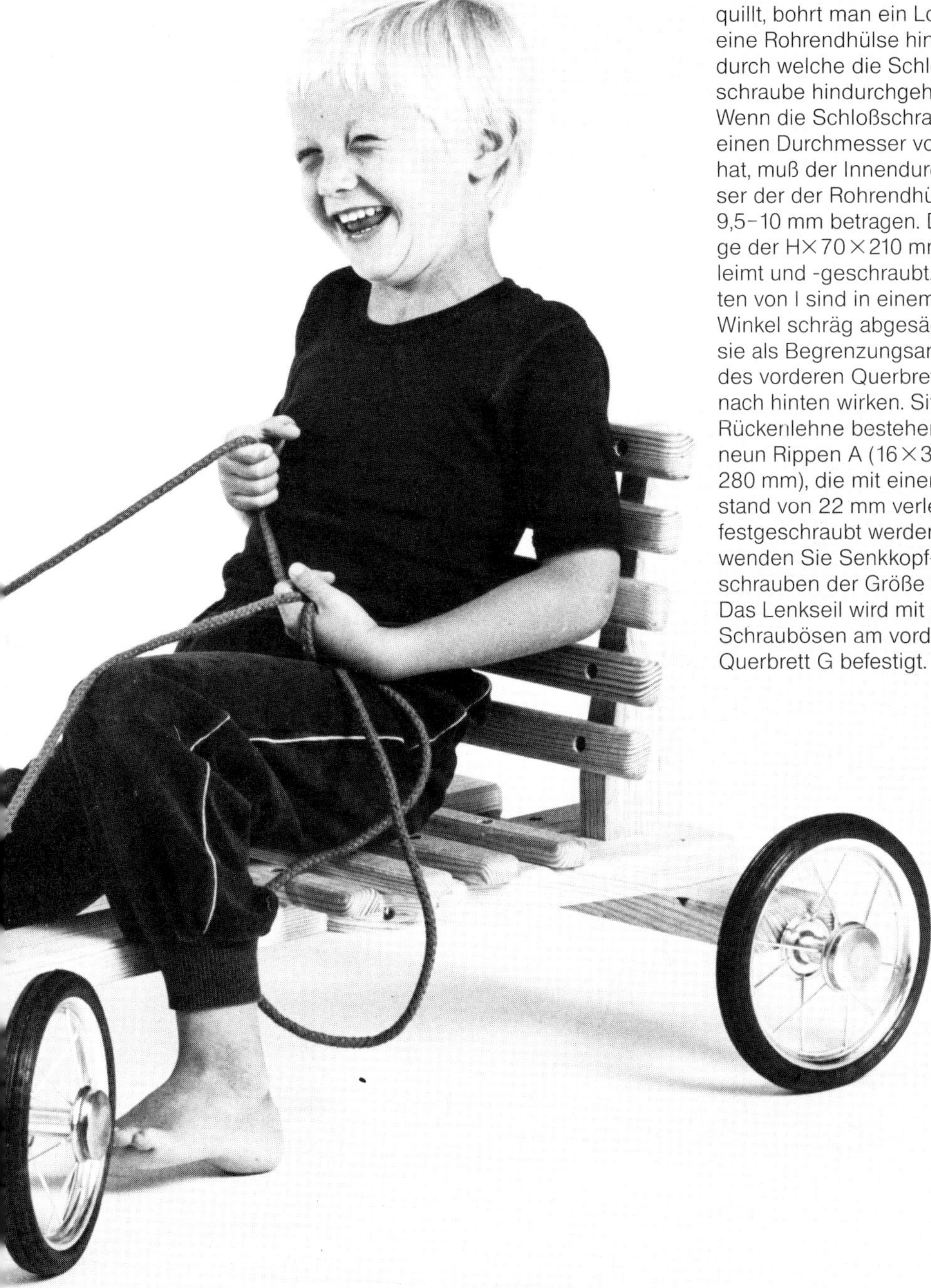

sich leicht drehen läßt und nicht klemmt, wenn das Holz quillt, bohrt man ein Loch für eine Rohrendhülse hinein, durch welche die Schloßschraube hindurchgehen soll. Wenn die Schloßschraube einen Durchmesser von 9 mm hat, muß der Innendurchmesser der der Rohrendhülse 9,5–10 mm betragen. Die Länge der H×70×210 mm) angeleimt und -geschraubt. Die Seiten von I sind in einem solchen Winkel schräg abgesägt, daß sie als Begrenzungsanschlag des vorderen Querbretts G nach hinten wirken. Sitz und Rückenlehne bestehen aus neun Rippen A (16×34×280 mm), die mit einem Abstand von 22 mm verleimt und festgeschraubt werden. Verwenden Sie Senkkopf-Holzschrauben der Größe 4,0×30. Das Lenkseil wird mit zwei Schraubösen am vorderen Querbrett G befestigt.

Kleiner Wagen

Dieser Wagen ist so groß, daß ein Dreijähriger darin sitzen und fahren kann. Sollen größere Kinder darin Platz finden, kann er um 200 mm verlängert werden.

Die Seitenteile D (22×120×505 mm) werden zusammengeleimt und -geschraubt mit dem vorderen und dem hinteren Teil A (22×155×350 mm). Die Seitenteile neigen sich in einem Winkel von 105° nach außen. Damit man in dem Wagen bequem sitzen kann, muß das hintere Stück im selben Winkel geneigt sein. Seine Breite erhöht sich dann auf 165 mm und die Gesamtlänge auf 357 mm. Beachten Sie auch, daß das hintere Teil A und das Seitenteil D gut aneinander anliegen; der Sägeschnitt soll in einem Winkel von 94 Grad erfolgen – anstelle der 90 Grad beim vorderen Teil, das keine Neigung hat. Verwenden Sie zum Markieren und Messen Schmiege und Meßwinkel. Die drei Bodenbretter B (16–22×120×500 mm) werden von unten an die Teile A und D festgeleimt und verschraubt. Unter den Wagen wird ein Vierkantholz C (34×70×385 mm) verleimt und verschraubt, an ihm schraubt man die Räder an.
Die Deichsel F wird mit einer durch das mittlere Bodenbrett hindurchgehenden Schloßschraube befestigt. Die Aussparung für die Deichsel wird – knapp passend – in das vordere Teil A eingesägt, bevor dieses montiert wird. Die Deichsel ist 34 mm dick, ca. 50 mm breit und 1000 mm lang. Sie ist in leichter S-Form aus einem breiteren Brett mit der Formsäge herausgesägt worden. Wenn die Deichsel F gerade sein soll, dann gelten die Maße 34×70–95 mm. Sie verschmälert sich nach oben hin. Ihre Länge wird so angepaßt, daß der Griff G sich ca. 70–75 cm über dem Boden befindet, wenn der Boden des Wagens waagerecht ist.
Der Griff G ist gedrechselt, er hat einen Durchmesser von 30 mm und eine Länge von 280 mm.
Alternativ kann auch ein Rundstab verwendet werden. Er wird – mit guter Passung – in einem Bohrloch verleimt und mit einem Stauchkopfnagel gesichert, der von unten in die Deichsel F geschlagen wird.

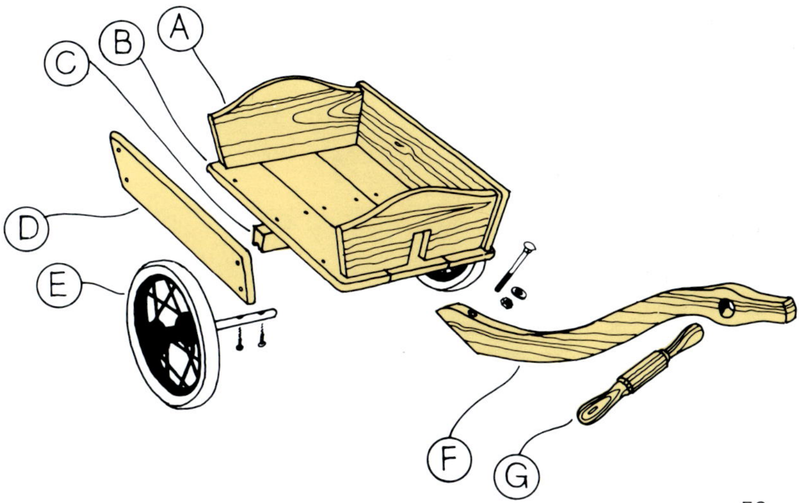

Handwagen

Dieser Handwagen ist geräumig und stabil. Zwei kleine Kinder finden in ihm Platz. Wir haben die Räder eines Kinderwagens mit ziemlich großem Durchmesser verwendet, so daß der Wagen auch auf unebenem Gelände leicht rollt.

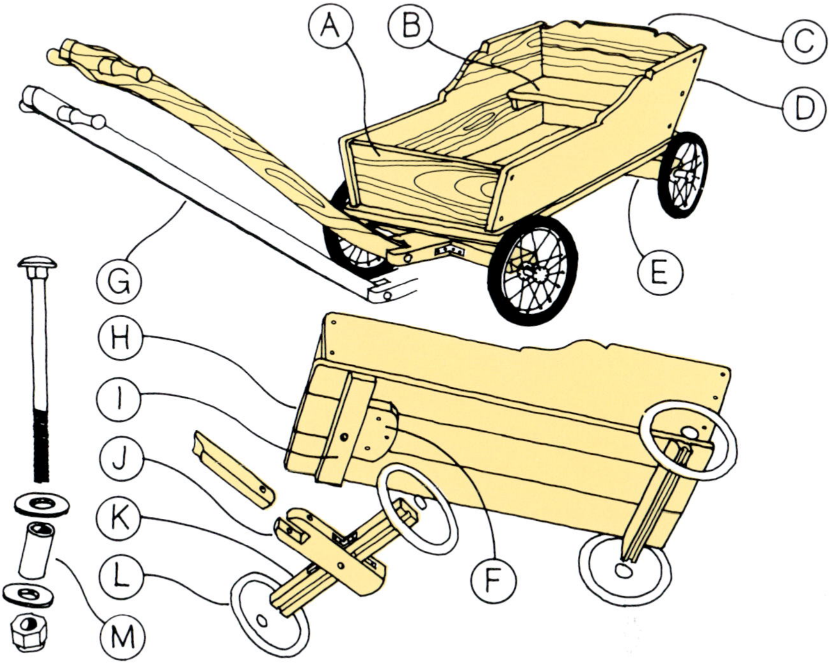

Die Längsseiten D werden aus Brettern von 22×170 mm und 22×95 mm zusammengeleimt (vgl. die Zeichnung S.62). Das letztgenannte Stück wird hinten angebracht; es verschmälert sich nach vorn und ist dekorativ ausgeschnitten.
Die Längsseiten D und das Rückenteil C neigen sich in einem Winkel von 105° nach außen. Das Vorderteil A (22×160 mm) wird mit den Seitenteilen verleimt und verschraubt. Verwenden Sie Senkkopfschrauben 4,0×60.
Das Rückenteil C wird zusammengeleimt aus einem Brett mit den Maßen 22×170 mm und einem anderen mit den Maßen 22×120 mm. Die Oberkante des schmäleren Bretts wird dekorativ ausgesägt.
Siehe auch die Montageanleitung für das hintere Teil beim kleinen Wagen auf Seite 59.
Der Boden H besteht aus vier Teilen mit den Maßen 22×95×1050 mm. Sie werden von unten mit den Teilen A, C und D verleimt und verschraubt.
Hinten wird E (34×70×460 mm) von unten festgeschraubt. Wir haben als Achse ein Rundeisen mit 10 mm Durchmesser in einer herausgefrästen oder maschinell gesägten Rille versenkt. Vorne wird entsprechend I (34×70×370 mm) von unten festgeschraubt.
Die Steuervorrichtung der Vorderräder besteht aus zwei über Kreuz angebrachten Teilen K und J, die mit einer Halb-in-Halb-Konstruktion genau passend zusammengefügt werden. K hat die Maße 34×70×490 mm. Auch hier ist die Radachse, die geteilt ist, in einer Rille versenkt. J hat die Maße 34×95×330 mm. Vorne wird ein Ausschnitt (35×80 mm) für die Deichsel G (34×45×1100 mm) angefertigt. Man kann die Deichsel alternativ mit leichter S-Form auch aus einem breiteren Brett aussägen.
Der Handgriff, 290 mm lang und mit einem Durchmesser von 28 mm, wird gedrechselt und genau passend in einem gebohrten Loch festgeleimt, ca. 100 mm vom Deichselende entfernt. Er wird durch einen Nagel oder eine Schraube, die von unten her durch G geht, gesichert. Als Alternative kann man als Griff auch einen Rund-

stab verwenden. Das untere Ende der Deichsel wird durch eine durchgehende Schloßschraube mit Unterlegscheiben und Mutter an J montiert. Hinter I wird ein Stützholz F (34×95×190 mm) für das Steuerleitkreuz angebracht. Das Steuerkreuz wird mittels einer durchgehenden Schloßschraube M (Durchmesser 9 mm, Länge 119 mm) mit Röhrenhülse, Unterlegscheiben und selbsthemmender Mutter drehbar befestigt. Siehe hierzu die Beschreibung der »Seifenkiste« auf Seite 56f.

Hinten im Wagen kann ein herausnehmbarer Sitz B (22×170×380 mm) angebracht werden. Er ruht auf zwei festgeschraubten Stützhölzern, 16×22×160 mm. Runden Sie alle hervorstehenden Kanten und Ecken ab.

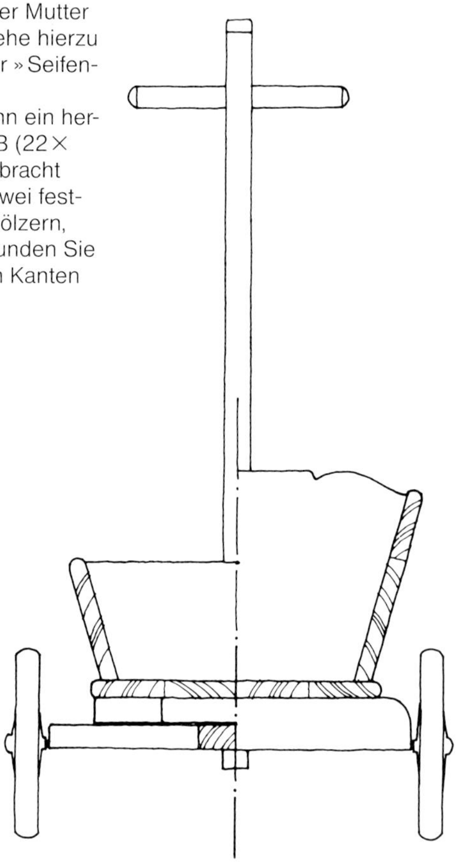

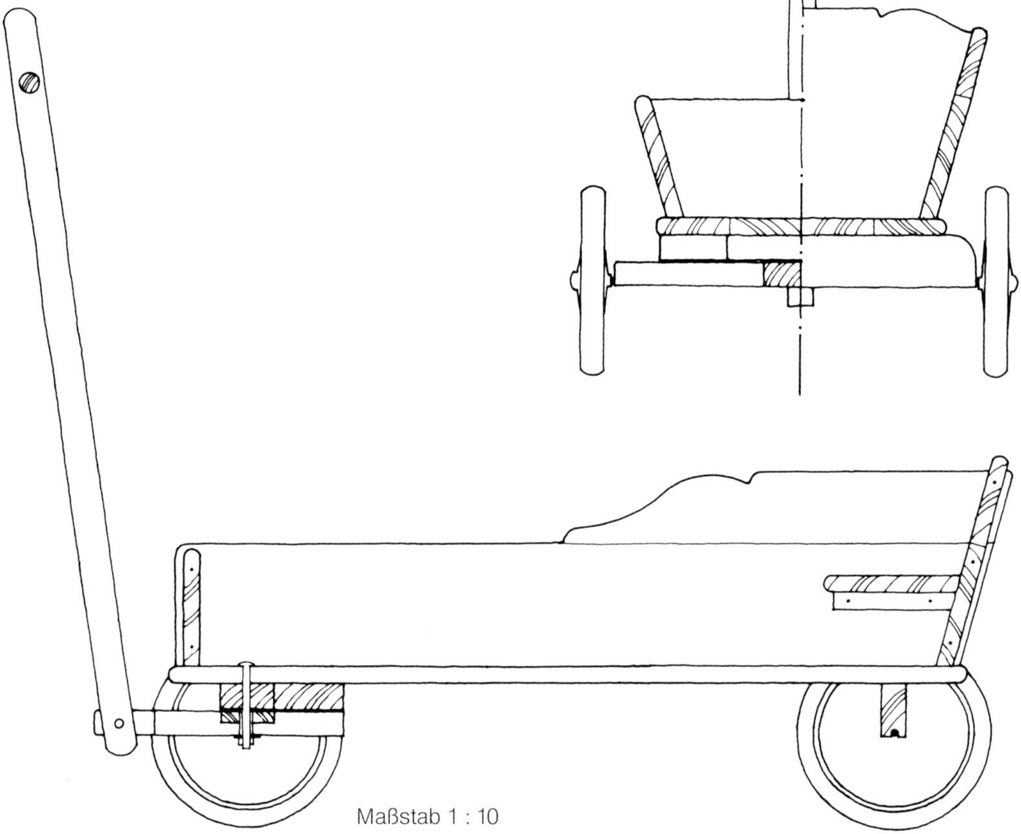

Maßstab 1 : 10

Schlitten

Alter Schlitten aus Västergötland. Er wurde ungefähr wie ein Handwagen dazu verwendet, kleine Kinder, gut eingehüllt in Schafsfell, im Winter zu fahren. Die Länge beträgt 120 cm, die Breite 43 cm.

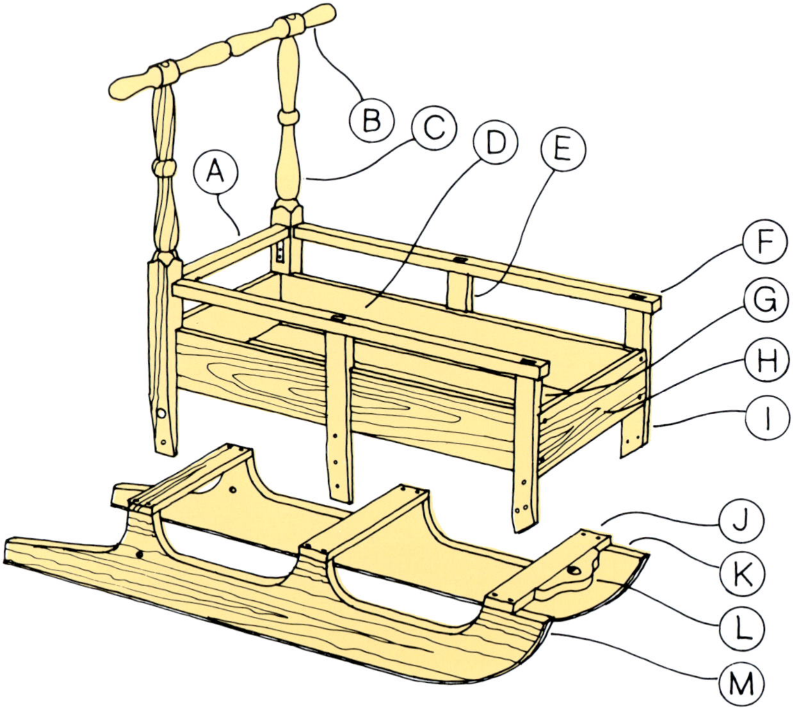

Die Kufen werden aus einem Brett K (28×170×1200 mm) ausgesägt. Sie werden mit drei Querstreben J (25×70×390 mm) verbunden, die an jedem Befestigungspunkt geleimt und festgeschraubt werden, und zwar mit je zwei Senkkopfschrauben 4,0×60. Sechs starke Winkeleisen an der Innenseite geben der Konstruktion zusätzlichen Halt.
Zwei Pfosten E (19×45×360 mm) und zwei Pfosten I (19×45×325 mm) werden mit den Längsseiten D (16×120×775 mm) verleimt und verschraubt. Um die Konstruktion leicht und kräftig zu machen, wird in E und I eine 6 mm tiefe Aussparung gemacht, so daß die Dicke nur noch 13 mm beträgt.
Hinten werden die Längsseiten D in die Pfosten C (45×45×765 mm) eingepaßt. Die Aussparung in den Pfosten beträgt 19 mm, so daß sich am unteren Ende ein Querschnitt von 26×45 mm ergibt.
Die Teile I, E, C und die Leiste F (25×34×815 mm) werden mit durchgehenden Zapfen ineinandergefügt, die festgekeilt und -geleimt sind. Dies verstärkt die Konstruktion des Schlittens und hält ihn zusammen. Die Teile I, E und C werden mit den Kufen verleimt und verschraubt. Für C nimmt man zusätzlich eine durchgehende Schloßschraube.
Zwischen die Pfosten C wird die Rückseite H (16×120 mm) eingelassen und mit den Enden der Längsseiten D verleimt und verschraubt. Die Leiste A (25×34 mm) wird von unten mit zwei Winkeleisen festgeschraubt. Vorne wird die Vorderseite H gegen die Enden der Längsseiten D geleimt und geschraubt, die in die Pfosten I eingelassen sind.
Der Boden besteht aus drei dünnen Brettern G 6–9×120 mm, die auf die Querstreben J geleimt und geschraubt werden.
Die Pfosten C und der Griff B werden aus Vierkantholz mit dem Querschnitt 45×45 mm

gedrechselt. B und C sind durch runde Zapfen mit einem Durchmesser von 22 mm verbunden, die verleimt und mit quer zur Faser des Griffs eingeschlagenen Keilen festgehalten werden. Vorne wird ein auf Form gesägtes Stück L (25×57×220 mm) festgeleimt und angeschraubt. Hier hinein wird ein Loch gebohrt, in dem die Zugleine befestigt wird.
Unter den Kufen werden verzinkte Flacheisen M (3×25 mm) mit Schrauben befestigt. Bohren Sie die Löcher für die Senkkopf-Schrauben in einem Mittenabstand von 150 mm.

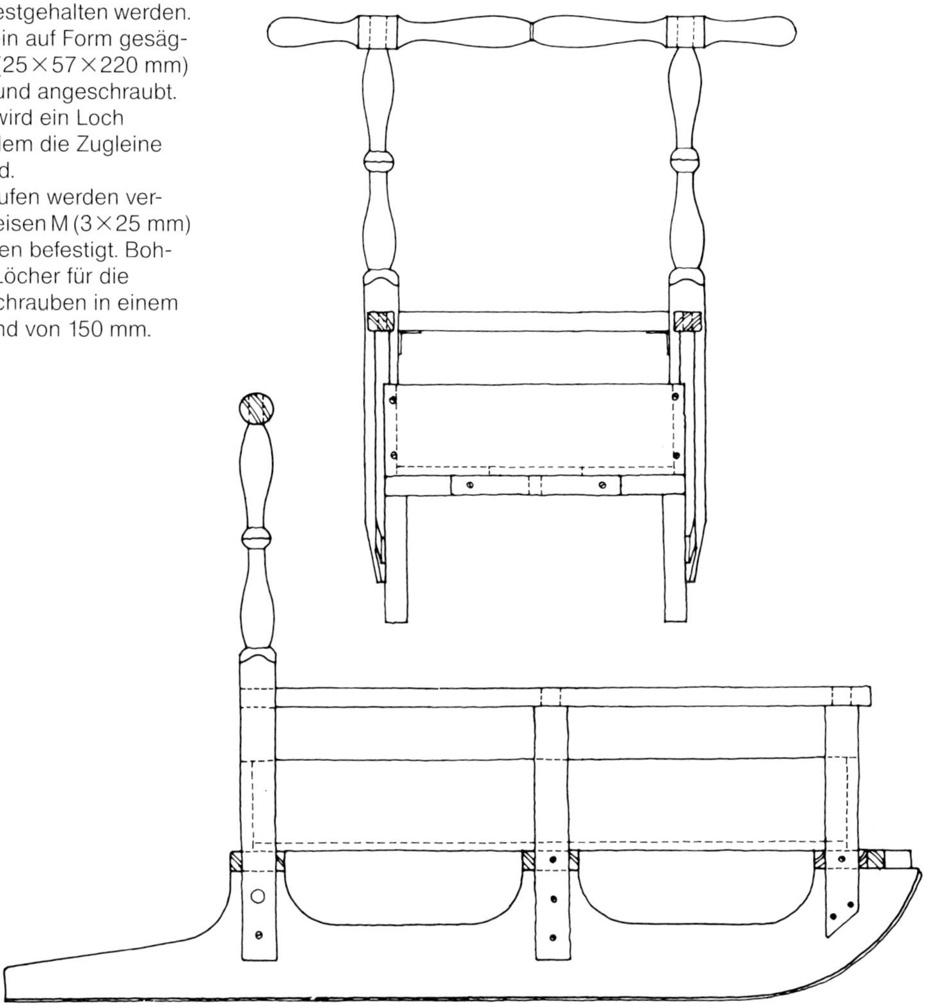

Maßstab 1 : 10

Bücherregal

Ein älteres Regal für die Hausbibeln diente als Vorlage für dieses kleine Bücherregal. Es ist groß genug, um die ersten Kinderbücher oder vielleicht Schulbücher aufnehmen zu können. Die Höhe beträgt 63,5 cm, die Breite 68 cm, die Tiefe 24 cm. Der obere Teil des Regals ist 19 cm hoch und nimmt kleine Bücher oder liegende Bücher von großem Format auf. Der untere Teil des Regals ist 28 cm hoch und faßt größere Bücher. Ganz unten gibt es noch eine Schublade, die innen 7 cm hoch ist.

Die gegabelten Seitenteile B (19×240×635 mm) werden ausgesägt und mit dem oberen Boden A (22×80×680 mm) und dem unteren Boden (22×240×680 mm) zusammengezinkt. Die beiden übrigen Böden C werden in eine gegratete Nut eingelassen. Der Abstand zwischen den beiden unteren Regalböden, zwischen denen sich die Schublade befindet, beträgt 75 mm. Oben an der hinteren Kante der Seitenteile werden zwei gerade Hängeösen, 15×52 mm, festgeschraubt. Alternativ können die Böden und die Seitenteile auch durch Runddübel mit einem Durchmesser von 6 mm und einer Länge von 35 mm zusammengefügt werden. Die Länge der Regalböden beträgt in diesem Fall 642 mm.
Die Schublade wird zusammengeleimt und -genagelt aus zwei langen Brettern D (16×70×607 mm) und zwei kurzen Brettern E (16×70×230 mm); E überlappt D. Verwenden Sie Stauchkopfnägel der Größe 1,7×40. Das Vorderstück F (12×113×680 mm) der Schublade wird mit D zusammengeleimt oder geleimt und verschraubt. Die Griffknöpfe werden gedrechselt. Sie haben einen Durchmesser von 20 mm und eine Länge von 44 mm (einschließlich des Dübels, der einen Durchmesser von 10 mm und eine Länge von 12 mm hat). Der Boden G (3×230×639 mm) aus Hartfaserplatte wird angeleimt und genagelt.

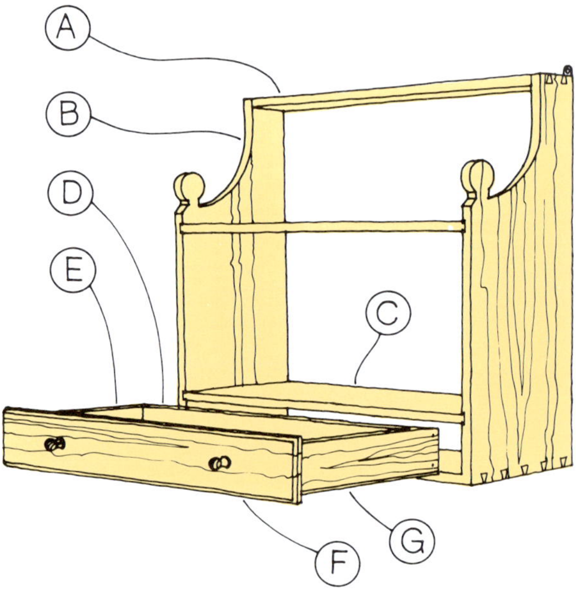

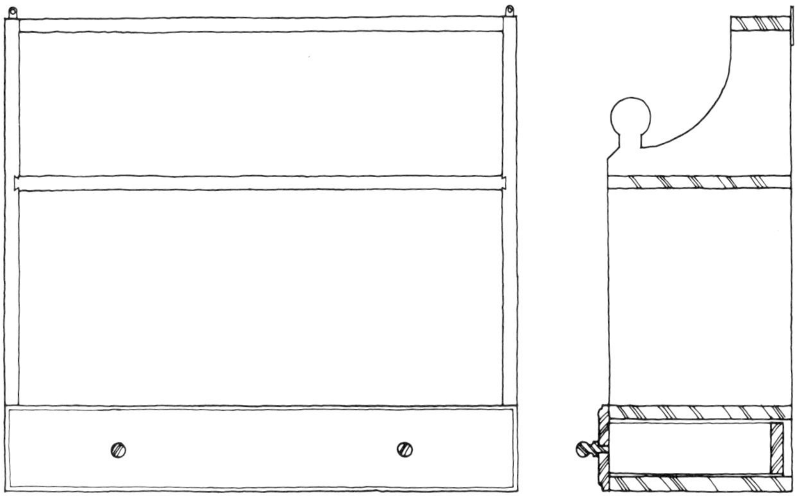

Maßstab 1 : 10

Namensschild

Hier haben wir in die Rückenlehne einer Bank Emelis Namen hineingeschnitten oder gestemmt. Wer ein schönes Stück verschenken will, das er selbst hergestellt hat, kann als krönenden Abschluß den Namen des künftigen Besitzers eingravieren. Das erfordert etwas Übung ; man sollte sich daher zuerst an einem Abfallstück versuchen. Arbeiten Sie exakt und nehmen Sie sich ausreichend Zeit dazu.

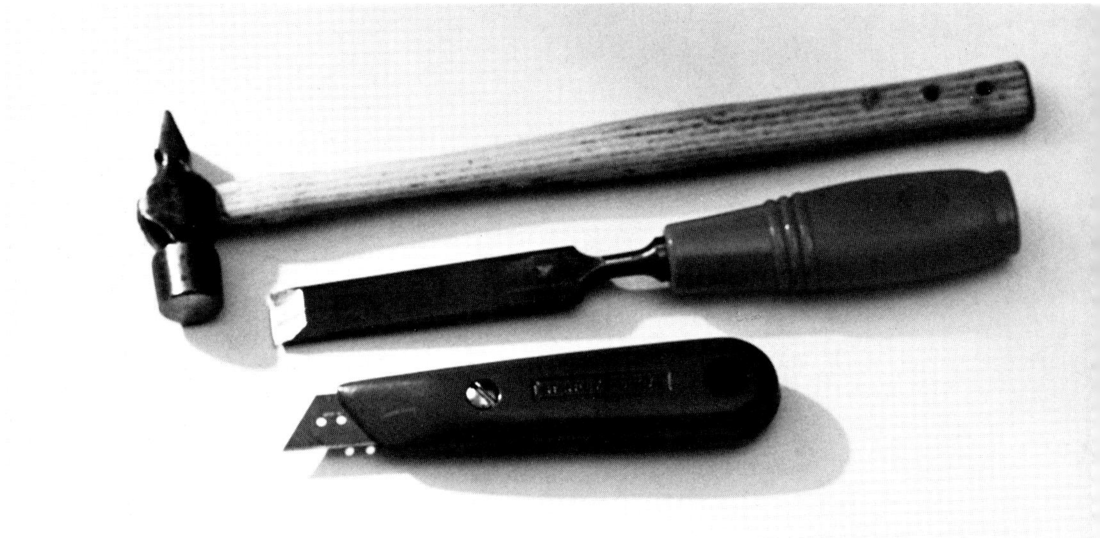

Übertragen Sie die Buchstaben in der gewünschten Größe (siehe auch S. 95) auf Transparentpapier. Nehmen Sie einen spitzen Bleistift. Wenn man mit Text arbeitet, ist es immer wichtig, die Buchstaben so anzuordnen, daß sie im richtigen Abstand zueinander stehen und harmonieren. Achten Sie daher auf die Zwischenräume. Kontrollieren Sie, daß die Buchstaben nicht zu dicht stehen und daß nicht mitten in einem Wort Lücken entstehen.
Übertragen Sie die Buchstaben mit Pauspapier auf das Holzstück, auf dem der Name stehen soll. Fixieren Sie dazu das Transparentpapier mit Klebestreifen, damit es nicht wegrutscht. Stemmen Sie die Buchstaben vor der Montage heraus, damit das Holzbrett bequem an einer Tischplatte oder in der Hobelbank festgespannt werden kann. Die Buchstaben werden vorsichtig aus dem Holz ausgestemmt oder ausgeschnitten, und zwar in einem schrägen Winkel von 30–40 Grad. Die Schnitte sollen sich in der Mitte des jeweiligen Buchstabenbalkens treffen. Schneiden Sie jedesmal nur ganz wenig weg, dann ist das Risiko eines Fehlschnitts weitaus geringer.
Geben Sie acht, daß das Holz nicht gegen Ihre Absicht splittert. Das kann bei Kiefernholz leicht passieren. Man kann das am ehesten dadurch vermeiden, daß man da, wo das Holz eine besondere Tendenz zum Splittern aufweist, mit kleinen Schnitten beginnt.

Bank

Für die Konstruktion dieser Bank stand eine Schulbank aus früheren Zeiten Pate. Die Länge beträgt 109 cm, die Höhe 70 cm und die Sitzhöhe 42 cm. Das ist eine Sitzhöhe, die einer normalen Tischhöhe angepaßt ist. Die Bank kann auch mit einer Sitzhöhe von 32 cm und damit kinderfreundlicher gebaut werden.

Die Gabelstücke A werden aus Brettern von 34×195×680 mm Größe ausgesägt. Der Fuß F wird aus einem Stück (40×70×380 mm) ausgesägt. Auch die Armlehne B wird aus einem Stück, 33×45×220 mm (ohne Zapfen), herausgesägt. Die Armlehne kann entweder mit festen viereckigen Zapfen oder mit losen 45 mm langen Runddübeln mit einem Durchmesser von 8 mm montiert werden.
Die Rückenlehne C (22×145×1032 mm) und die Vorder- und Hinterzarge D (22×70×1032 mm) haben 12 mm tiefe und 12 mm dicke herausgesägte oder -gefräste Zapfen an den Enden. Diese werden festgeleimt und genagelt oder geschraubt in entsprechenden Schlitzen in den Gabelstücken.
C und D können alternativ auch mit runden oder viereckigen Dübeln in Dübellöchern verleimt werden. Um die Konstruktion beim Leimen zusammenzupressen, sind jedoch drei etwas längere Leimknechte erforderlich.
Der Sitz E, 22×230×1090 mm, wird von oben auf die Zargen D geleimt.

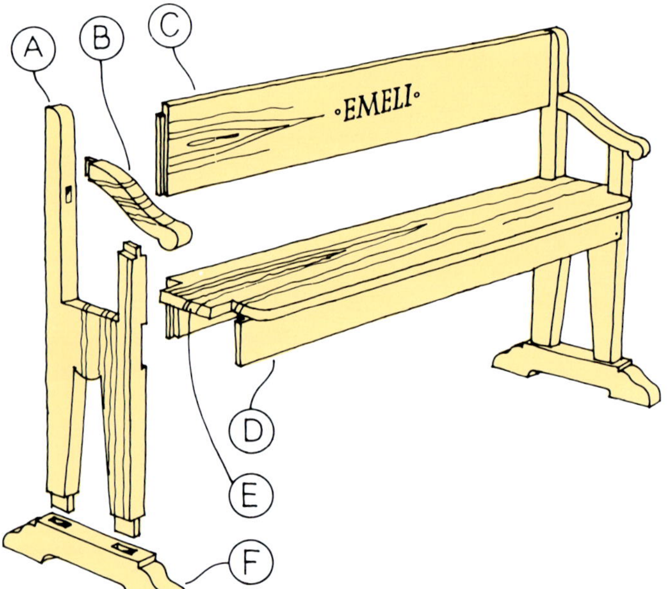

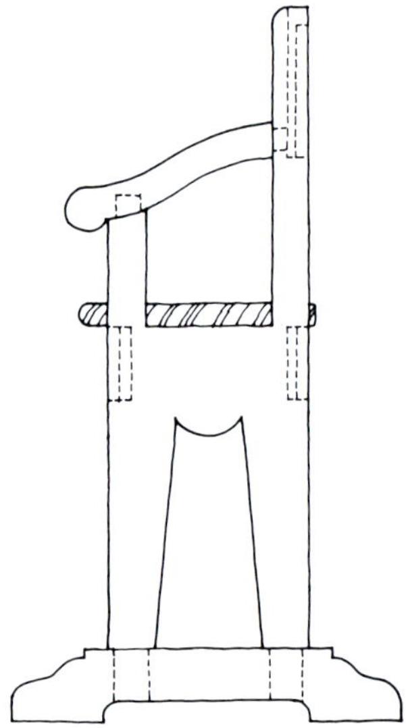

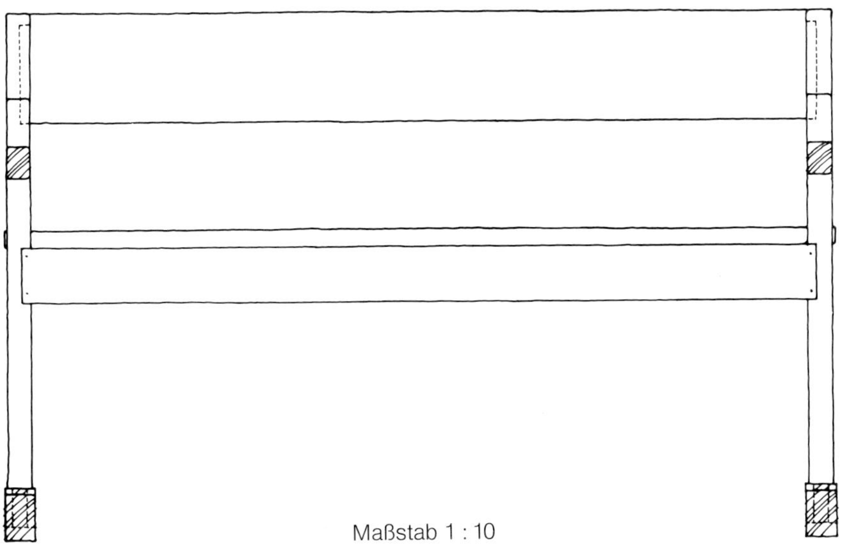

Maßstab 1 : 10

Kinderstuhl

Das Vorbild für diesen Stuhl stammt aus dem 19. Jahrhundert. Traditionelle Kinderstühle mit einer Stütze vorne, werden in der Regel bis zum Alter von 2 $^1/_2$–3 Jahren verwendet. Dieser Kinderstuhl ist zur Verwendung an einem Eßtisch gedacht und für Kinder zwischen 3 und 6 Jahren der normalen Tischhöhe angepaßt. Die Kinder werden ja sehr oft dazu angehalten, auf normalen Stühlen zu sitzen, und sitzen dann außerordentlich unbequem „mit der Nase an der Tischkante". Die Höhe beträgt 81,5 cm, die Höhe der Armlehne vor 66,5 cm, die Sitzhöhe 51,5 cm und die Grundfläche am Boden 39,5 × 39,5 cm.

Die Beine I und F werden aus Kiefernholz mit geradem Faserverlauf, 30 × 30 mm, hergestellt. Der Winkel von 4 Grad, unter dem die Beine nach außen/nach unten schräg stehen, macht den Stuhl standfest. Die Querstreben K und J haben einen Querschnitt von 20 × 30 mm. K wird mit der Oberkante

110 mm und J 270 mm über dem Boden angebracht. Die vordere Querstrebe J dient als Fußstütze. Die Zargen G des Sitzes haben 20×42 mm Querschnitt. Die hintere Zarge H hat 20×70 mm Querschnitt und reicht 17 mm über die Kante des Sitzes hinaus, wo sie als Befestigung für die Sprossen der Rückenlehne dient.
Der Sitz E ist aus drei Teilen hergestellt, 11×102×325 mm, die auf den Sitzzargen G festgeleimt werden. Die Armlehnen D werden aus einem Brett mit den Maßen 22×37×320 mm (ohne Zapfen) gesägt.
Die Rückenlehne besteht aus drei verschiedenen Teilen A, B und C. A ist geschwungen und wird aus einem Brett mit den Maßen 28×60×310 mm gesägt oder gefeilt. Die Unterkante ist ca. 17 mm dick und die Oberkante ca. 11 mm. Die Rückenlehne wird in die Hinterbeine I eingezapft und in die Sprossen der Rückenlehne B und C. B wird aus einem Stück 9×75 mm ausgesägt. C hat die Maße 9×16 mm. B und C werden in A und H eingezapft.
Machen Sie die Zapfen 6 mm dick und die Schlitze ebenso breit. Achten Sie beim Herstellen der Zapfen und Schlitze auf genaue Passung. Am stabilsten gerät diese leichte und schlanke Stuhlkonstruktion, wenn man feste vierkantige Zapfen macht. Solche Zapfen sind oben zwischen I und A notwendig. Im übrigen können statt dessen auch je zwei Runddübel mit einem Durchmesser von 6 mm und 35 mm Länge verwendet werden.

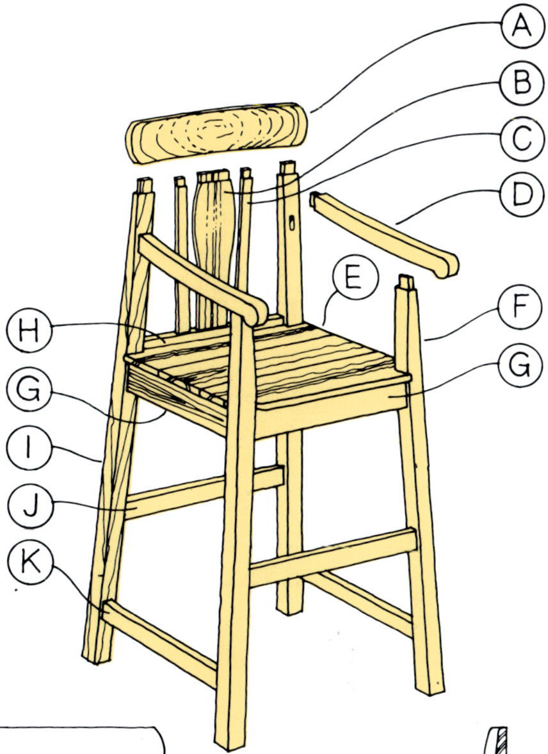

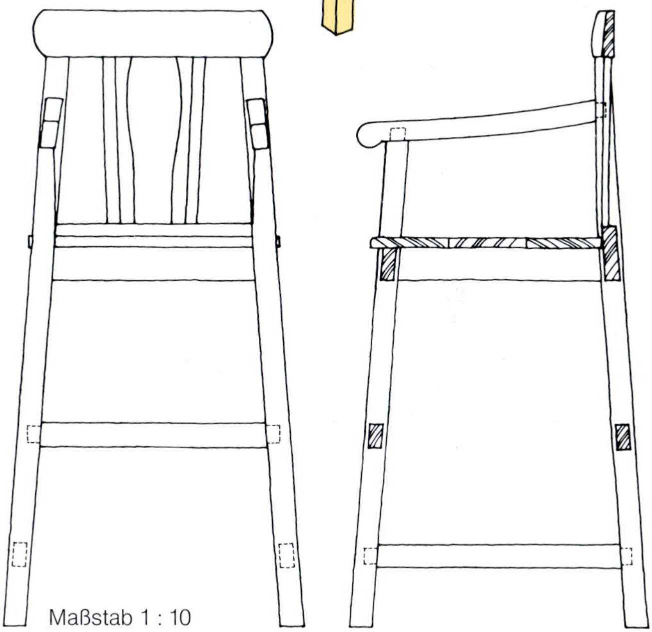

Kleiner Kinderstuhl

Ein Kinderstuhl aus dem schwedischen Bohuslän, hergestellt im 19. Jahrhundert. Dieser Stuhltyp, der bis heute in Westschweden üblich ist, wurde von fahrenden Händlern aus Västergötland verkauft. Die Höhe beträgt 55 cm, die Sitzhöhe 32 cm.

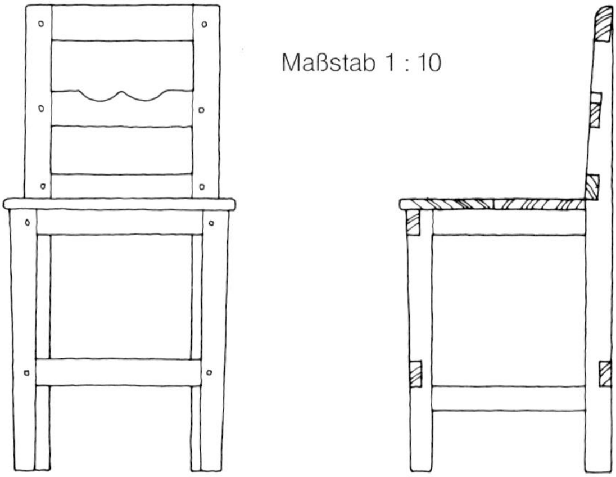

Bei diesen Stühlen stecken feste vierkantige Zapfen in Zapflöchern. Die Zapfen werden nicht nur verleimt, sondern zusätzlich mit kleinen geschnitzten Holzdübeln gehalten, die in vorgebohrte Löcher durch Beine und Zapfen hindurch eingeschlagen werden. Als Alternative zu den vierkantigen Zapfen können auch je zwei 35 mm lange Runddübel mit einem Durchmesser von 6 mm verwendet werden.

Die Beine B werden aus geradfaserigem Holz (30×30 mm Querschnitt) hergestellt. Vom Sitz aufwärts werden die Hinterbeine schmäler. Die Vorderbeine verschmälern sich nach unten bis auf 24×24 mm. Die Holzabnahme geschieht an den Außenseiten der Beine.

Die Beine werden dann so montiert, daß die Neigung auf die Außenseiten kommt. Die Innenseiten der Hinterbeine und Vorderbeine bleiben damit parallel, was die Montage der Zargen und Streben erleichtert.

Das obere Stück A (19×41×165 mm) der Rückenlehne wird an der oberen Vorderkante gerundet. In die Strebe C (14×41×165 mm) wird an der Oberkante eine ornamental geschwungene Kante gesägt.

Die Querstrebe D (14×29×165 mm) wird mit ihrer Unterkante auf derselben Höhe angebracht wie die Oberkante des Sitzes.

Die vorderen Querstreben unterm Sitz und zwischen den Beinen F (14×29 mm) sind 30 mm länger, also 195 mm, als die hinteren, die 165 mm lang sind. Bei den seitlichen beträgt die Länge 177 mm.

Der Sitz E ist 11 mm dick. Er steht rundherum 7 mm über. Seine Kanten werden sorgfältig gerundet.

Leimen Sie zuerst das hintere Beinpaar und das vordere Beinpaar – jedes für sich – zusammen. Verwenden Sie Leimknechte und Beilegbrettchen, um Druckstellen zu vermeiden. Kontrollieren Sie dann die Winkel zwischen Beinen und Querstreben mit dem Anschlagwinkel, so daß sie rechtwinklig sind.

Leimen Sie darauf die beiden Beinpaare mit den Sitz- und Querstreben zusammen. Kontrollieren Sie dann, daß die Winkel auf beiden Seiten gleich sind. Der Winkel kann verschoben werden, wenn man die Leimknechte abschrägt.

Die Sitzbretter werden festgeleimt. Nehmen Sie dazu fünf Leimzwingen und Beilegbrettchen.

Zum Schluß werden Löcher mit 6 mm Durchmesser für geschnitzte achtkantige Dübel gebohrt, die Zapfen und Sitz verschließen. Die Dübel werden

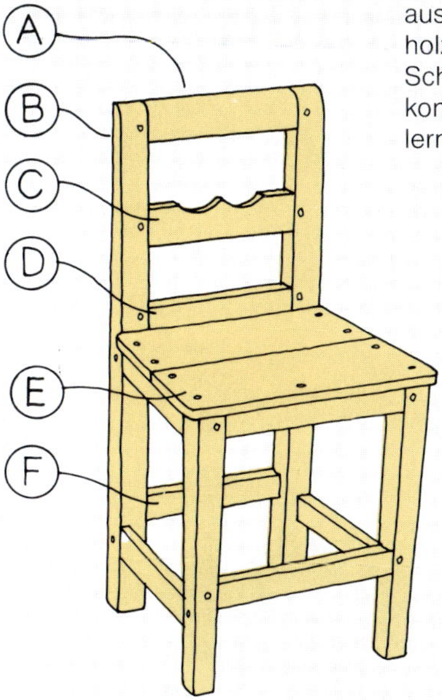

aus einer geradfaserigen Kernholzleiste, 7×7 mm, mit dem Schnitzmesser in eine leicht konische oder sich verschmälernde Form gebracht. Sie werden mit Leim bestrichen und in die Löcher geschlagen. Herausstehende Stücke werden abgesägt und beigeschliffen, bis sie eben und glatt sind.

Kleine Kindersitzbank

Ausgehend vom Kinderstuhl (vgl.S.74f.) haben wir eine kleine Sitzbank und einen Klapptisch hergestellt. Maße und Form sind so gewählt, daß die Möbel zusammenpassen. Die Länge der Bank beträgt 76,5 cm, die Tiefe 27,5 cm, die Sitzhöhe 32 cm und die Höhe 55 cm. Der Deckel der Bank hat Scharniere an der Hinterkante und läßt sich aufklappen. Die Beine H haben den Querschnitt 32 × 32 mm. Die Hinterbeine verschmälern sich oberhalb der Seitenteile I. Sie haben am oberen Ende einen Querschnitt 20 × 32 mm. Am oberen Ende der Vorderbeine wird ein Knauf, am unteren ein Fuß gedrechselt. Als Alternative kann das Bein auch gekürzt und oben lediglich leicht abgerundet werden. Unten, unter den Vorder- und Seitenteilen, werden die Kanten stark abgefast.

Maße von
A: 19 × 265 × 700 mm
E: 19 × 41 × 700 mm
D: 19 × 32 × 165 mm
F: 14 × 41 × 312 mm
J: 19 × 230 × 700 mm
I: 19 × 265 × 205 mm

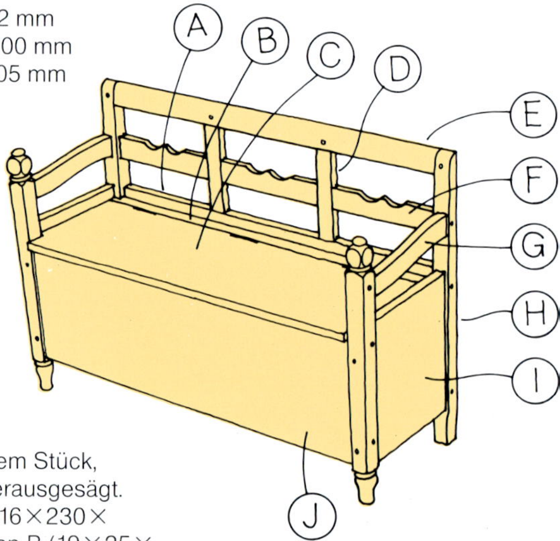

G wird aus einem Stück, 19 × 45 mm, herausgesägt. Der Deckel C (16 × 230 × 720 mm) wird an B (19 × 25 × 726 mm) mit zwei oder drei Scharnieren, die versenkt werden, angeschraubt.

Der Boden wird aus 10 mm dickem Kiefernholz oder einer Spanplatte hergestellt. Er ruht

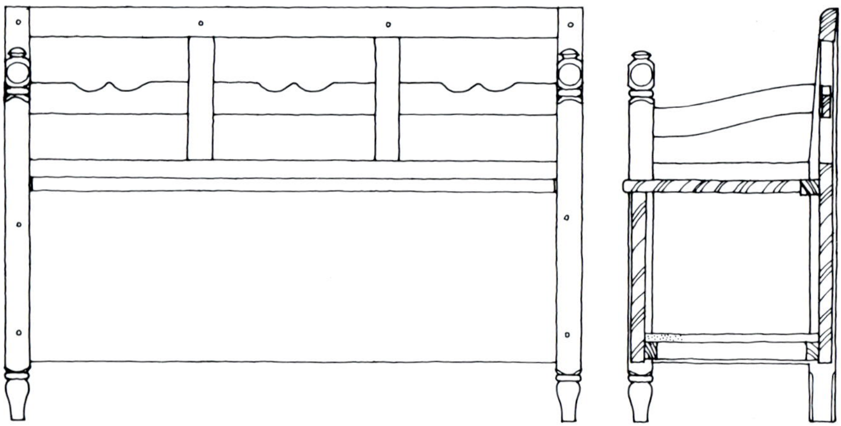

Maßstab 1 : 10

auf Leisten, 16×22 mm, die an die Innenseiten der Bank geleimt und verschraubt werden. Die Teile A, I, J und C werden miteinander fugenstoßverleimt mit Hilfe einer 22 mm dicken Leiste, die auf 19 mm glattgehobelt wird.

Kleiner Klapptisch

Ausgeklappt mißt die Platte des Klapptisches 75×110 cm.
Bei heruntergeklappten Platten sind es 27,5×75 cm.
Die Höhe beträgt, dem Stuhl und der Sitzbank angepaßt, ca. 50 cm.

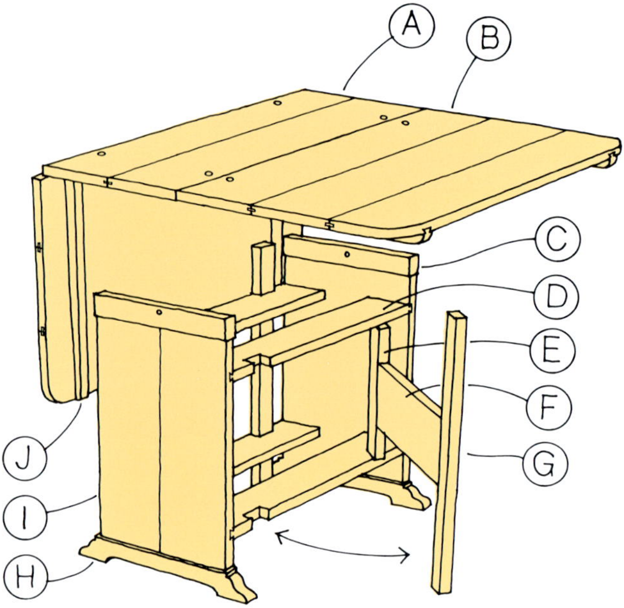

Die mittlere Platte A (18×275×750 mm) besteht aus zwei Teilen, 22×140 mm, die Kante auf Kante geleimt sind. Die ausklappbaren Platten B, 18×420×750 mm, werden aus je drei 140 mm breiten Teilen zusammengeleimt.
Wir haben an den Kanten, die miteinander verleimt werden sollten, eine Nut eingefräst bzw. maschinell gesägt. Eine lose Feder (dünne, passende Holzleiste), die in die Nut geleimt wird, erleichtert das Leimen, so daß die Teile nicht auseinanderbrechen. Sie vergrößert außerdem die Leimfläche. Verwenden Sie Leimknechte, wenn die Platten zusammengepreßt werden sollen. Die Platten werden zum Schluß auf eine Dicke von 18 mm abgehobelt.

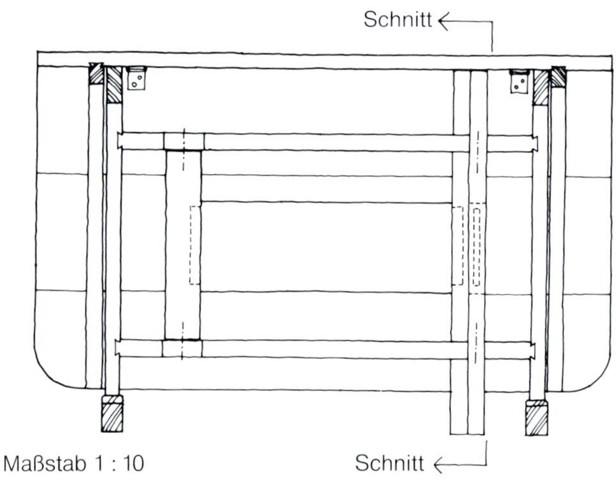

Die Tischplatten sind unten durch Leisten J (18×25 mm) verstärkt, die in eine Gratnut eingelassen sind. Sie werden 63 mm von den Außenkanten entfernt angebracht. Gratnut und Gratleisten werden mit der Oberfräse angefertigt. Die Gratleisten verhindern, daß die Platten sich werfen. Damit die Platten in der Breite schrumpfen bzw. sich ausdehnen können, geht man normalerweise mit dem Leim sparsam um, mit dem man die Leisten befestigt. Die Gratleisten unter der Platte A sind lediglich in der Mitte der Platte geleimt. Unter den Platten B werden sie nur an der Seite festgeleimt, auf der sich das Scharnier befindet.
Als Alternative kann man auch stärkere Leisten (J) verwenden, die dann unter die Platten geschraubt oder geleimt und geschraubt werden. Verleimt und verschraubt wird an den oben genannten Stellen. Die übrigen Schrauben werden durch längliche Löcher in die Leisten J geschraubt, so daß den Platten Bewegungsspielraum bleibt.
Die Tischecken werden mit einem Radius von 60 mm gerundet. Die drei Platten werden durch vier Scharniere zusammengehalten. Bringen Sie diese so weit innen an, daß sie die Teile C nicht behindern.
Das Untergestell besteht aus zwei Seitenteilen I (18×275×400 mm) mit einem formgesägten Fuß H (28×45×370 mm) und einer Kante C (25×45×275 mm). Die Teile I, H und C werden zusammengedübelt: I+H+C = 490 mm.
Die Gabeln werden mit vier Querstreben D ×95×535 mm) verbunden. Sie werden mit den Gabeln zusammengegratet oder -gedübelt.
Die mittlere Platte wird von oben mit den Seitenteilen C so verbunden, daß sich die Leisten J außerhalb der Seitenteile befinden. Bohren Sie Löcher mit 6 mm Durchmesser durch J und C. Hier werden zwei runde Stifte eingeschlagen, welche die Platten am Untergestell festhalten.
Die ausklappbaren Stützen werden aus drei Teilen E (22×45×250 mm), F (22×120×325 mm) und dem Stützbein G (22×45×490 mm) zusammengeleimt. Die Stützen sollen ganz in die Querstreben D eingelassen werden können, damit sich die Tischplatten herunterklappen lassen. Das Stützbein paßt in Aussparungen von D hinein. E wird mit D durch Senkkopfschraube 4,0×60 verbunden, damit eine drehbare Verbindung zustande kommt.

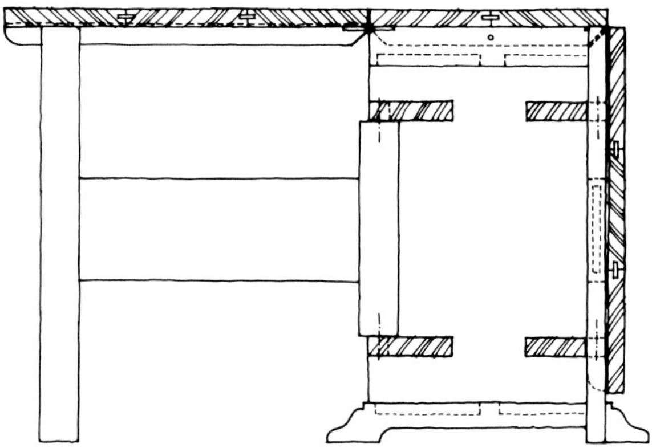

Schnitt

Wiege

Es war für frischgebackene Väter schon immer eine befriedigende Freizeitbeschäftigung, mit großer Sorgfalt eine Wiege herzustellen, vorausgesetzt, es blieb ihnen die Zeit dazu. Eine Wiege dient dem kleinen Kind einige Monate lang auch gut als Bett.

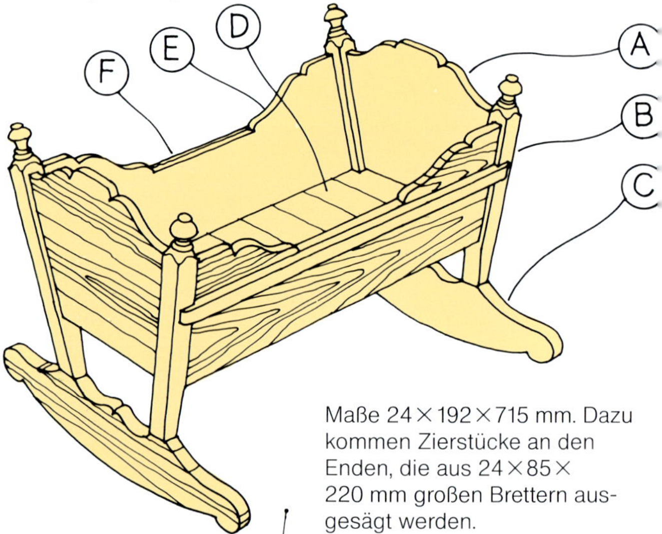

Die Beine B haben die Maße 45×45 mm im Querschnitt. Hier haben wir am Ende der Beine je einen Knauf gedrechselt. Alternativ kann ein loser Knauf gedrechselt und mit einem Dübel am Bein befestigt werden.
Von der Unterkante der Seitenteile der Wiege aus verjüngen sich die Beine an den Innenseiten nach unten bis auf 32× 45 mm Querschnitt.
Die Kufen C werden ausgesägt aus Brettern mit den Maßen 34×145×720 mm. Das geschwungene Unterteil einer Kufe hat einen Radius von 810 mm. Fertigen Sie sich aus einer dünnen Holzleiste mit zwei im Abstand von 810 mm eingeschlagenen Nägeln einen Stangenzirkel. Die Abrundungen an den Kufenenden, die das Kippen der Wiege verhindern, haben einen Radius von 35 mm.
Beine und Kufen werden zusammengeleimt und mit langen und kräftigen Zapfen gehalten.
Die Gabelstücke A und die Seitenteile E werden mit Hilfe eines 28 mm dicken Holzstücks, das auf eine Dicke von 23–24 mm gehobelt wird, miteinander kantenverleimt. Die Gabelstücke sind 340 mm hoch und 410 mm breit, sie werden gegen die Beine hin in einem Winkel von 102 Grad schräg abgesägt.
Die Seitenteile E haben die Maße 24×192×715 mm. Dazu kommen Zierstücke an den Enden, die aus 24×85× 220 mm großen Brettern ausgesägt werden.
Oben auf den Seitenteilen wird eine Leiste F (16×34×780 mm) aufgeleimt. Die Leiste wird ge-

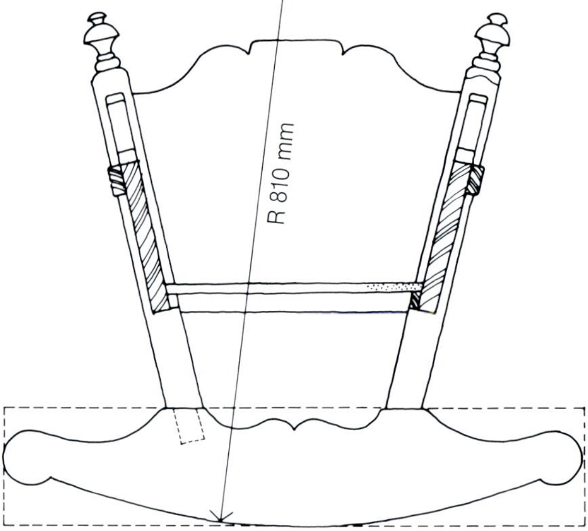

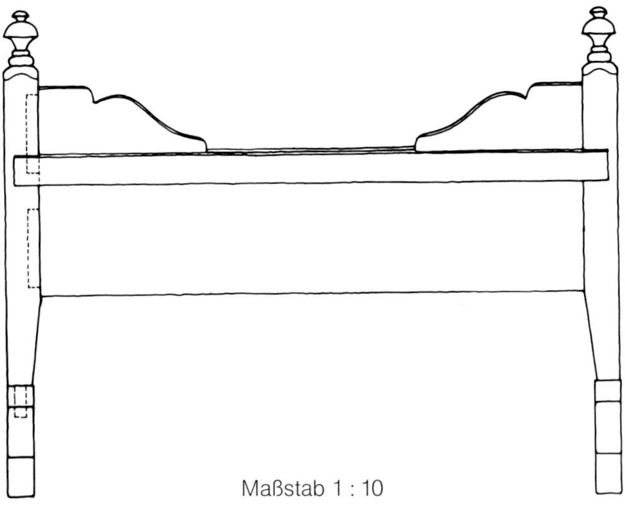

Maßstab 1 : 10

gen die Enden hin dünner und abgerundet. Für die Beine wirdeine Aussparung geschnitten. Der Boden D wird aus einem 10 mm dicken Brett oder einer Spanplatte hergestellt, die auf zwei Seitenleisten (9×22× 175 mm) ruht, die festgeleimt und -genagelt sind.
Die Seitenteile und Beine werden zusammengefügt und verleimt durch vier stabile vierkantige Zapfen oder mit Hilfe von losen Runddübeln. Leimen Sie zuerst die Gabelstücke zusammen und anschließend das Gabelpaar mit den Längsseiten.

Mitwachsendes Kinderbett

Dieses Bett läßt sich in der Länge vergrößern. Der Vorteil liegt darin, daß es dem Wachstum des Kindes angepaßt werden kann. Dieses Prinzip wurde bei Kinderbetten lange Zeit angewandt. Diese Art Bett wurde als Prunkbett auch für Erwachsene hergestellt. Die Ausgestaltung war oft prächtig und üppig mit einem hohen gegabelten Teil am Kopfende und gedrechselten Knäufen an den Beinen.

Die Abmessungen des Bettes hier sind 72 × 105 cm, eine Verlängerung bis auf 200 cm ist möglich. Die beiden Lattenroste werden so gemacht, daß sie zusammenpassen und ineinandergleiten. Der eine Teil hat sieben und der andere acht Latten. Auf dem Lattenrost kann man, als Unterlage für die Matratze, zwei Hartfaserplatten (72 × 100 cm) anbringen. Gelochte Hartfaserplatten gewährleisten gute Durchlüftung. Die Platten überlappen einander, wenn das Bett zusammengeschoben wird. Die Matratze aus 10 cm dikkem Schaumstoff läßt man nach den Maßangaben zuschneiden. Sie wird in die passenden Längenmaße aufgeteilt.

Leimen Sie zuerst die Kopf- und Fußenden F/A und O/M zusammen. F: 42 × 42 × 720 mm; A: 18 × 735 (b) × 750 (h) mm; O: 42 × 42 × 685 mm; M: 18 × 697 (b) × 526 (h) mm. Längliche vierkantige Zapfen direkt an den Gabelstücken A und M und entsprechende Schlitze in den Beinen können mit der Oberfräse gefräst werden. 45 mm lange Runddübel mit einem Durchmesser von 8 mm in Bohrlöchern sind zur Montage ebenfalls gut geeignet. Probleme können während der Arbeit dann auftreten, wenn die Teile beim Leimen zusammengespannt werden sollen. Die allgemein üblichen Leimknechte sind nämlich zu kurz. Wir bedienten uns einer Hobelbank, in der ein Teil nach dem anderen bei den verschiedenen Phasen des Leimens zusammengespannt wurde.

Der Schraubstock der Hobelbank übt große Kraft aus. Verwenden Sie kräftige Beileghölzer, z. B. 45 × 95 mm, an der Vorder- und Hinterzange. Dadurch vermeidet man häßliche Druckstellen im Holz, und der Druck verteilt sich nach außen auf die Seiten.
Bei Zimmertemperatur hat normaler Tischlerleim eine ziemlich kurze Preßzeit. Handelt es sich um trockenes Kiefernholz, dann beträgt die Preßzeit ca. 10 Minuten. Nach 20–30 Minuten kann mit maschinellen Werkzeugen weitergearbeitet werden.
Montieren Sie die Teile F mit H (18 × 280 × 983 mm) und mit J (22 × 45 × 441 mm) zusammen. Danach J mit K (45 × 45 × 760 mm) sowie M/O mit R (18 × 225 × 997 mm). Die beiden Seitenteile R und die Latten T (19–22 × 45 × 1038 mm) werden mit einem Flacheisen S

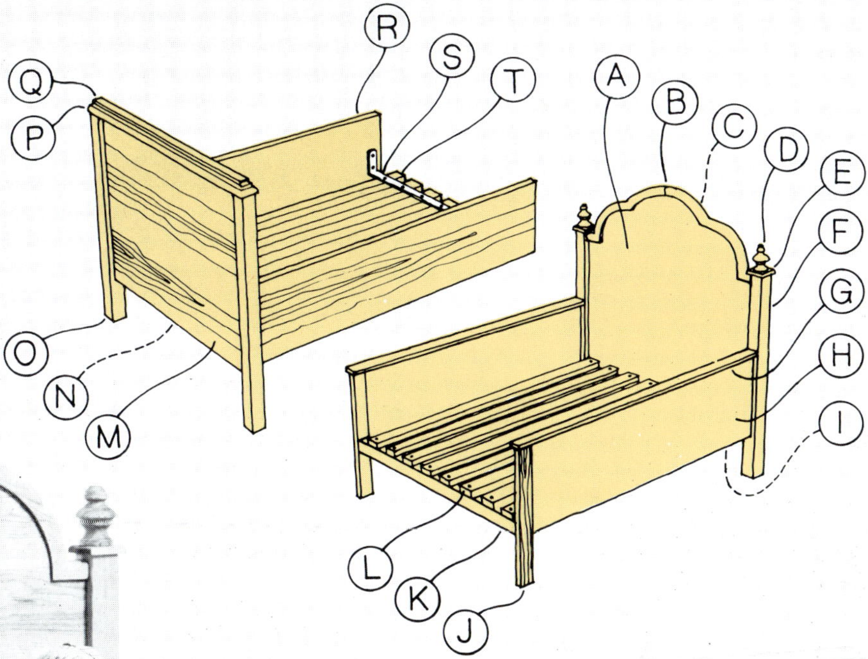

A
B
C
D
E
F
G
H
I
J
K
L
M
N
O
P
Q
R
S
T

Maßstab 1 : 10

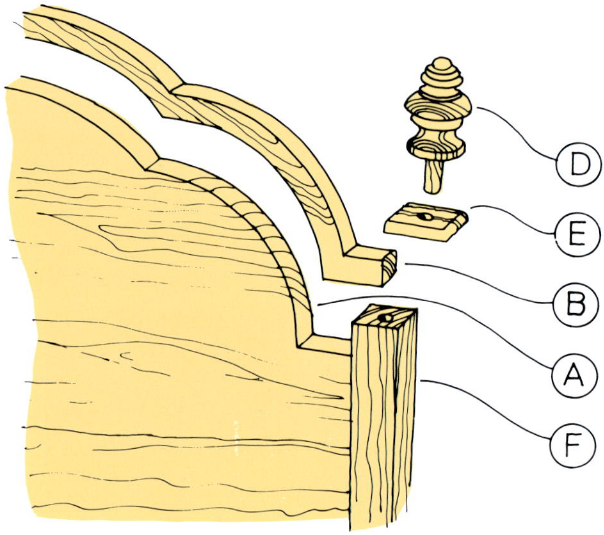

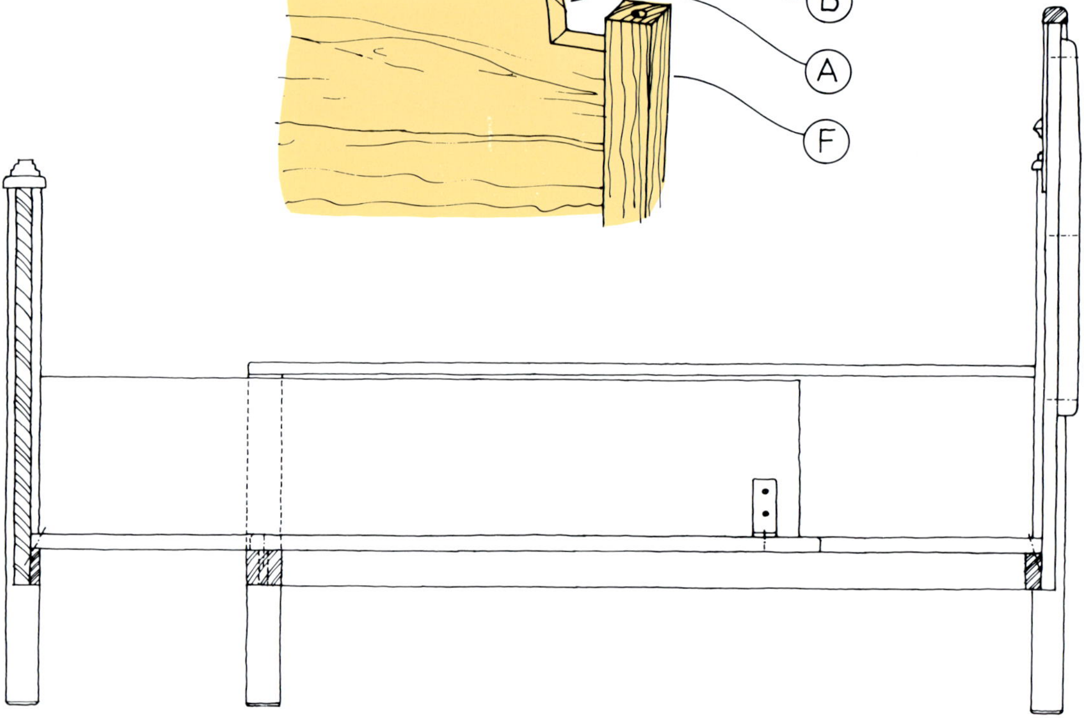

(4×30×880 mm) verschraubt. Es wird an jeder Seite 80 mm hochgebogen und gegen die Seitenteile R geschraubt. Bohren Sie Löcher und versenken Sie Schrauben im Flacheisen. Verwenden Sie Senkkopfschrauben Größe 4,0×20.
An der inneren Unterkante des Gabelstückes werden die sieben Latten T auf eine Leiste N (11×45×697 mm) geleimt und geschraubt oder genagelt. Acht Latten L (identisch mit T) werden mit K und I (22×45×735 mm) zusammenmontiert.
Auf das Gabelstück O/M wird eine gut abgerundete Leiste P (16×53×795 mm) aufgeleimt und genagelt. Obendrauf wird eine Profil- oder schräg abgefaßte Leiste Q (18×39×778 mm)geleimt. Auf die Seitenteile H wird eine Leiste G (16×43×1028 mm), mit weich gerundeten Kanten, geleimt und geschraubt. Hier haben wir die Schrauben im Holz versenkt und die Löcher mit einem Stück Holz verschlos-

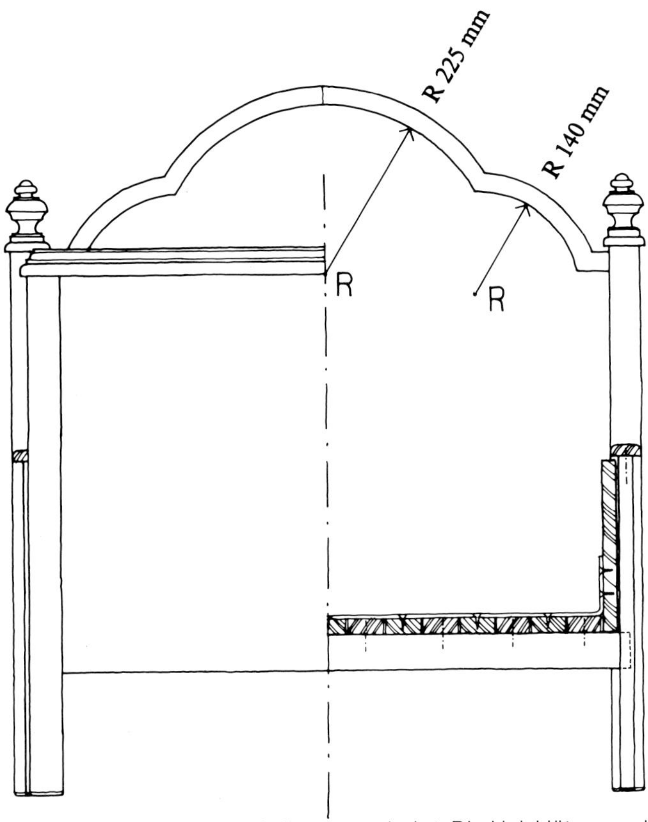

sen. Das setzt voraus, daß die Schrauben ein Stück unter der Holzoberfläche in Bohrlöchern versenkt werden. Danach werden die Löcher mit genau runden eingepaßten Holzklötzen zugeleimt. Die Holzklötze werden mit einem für diesen Zweck vorgesehenen Beitel aus einem Holzstück herausgebohrt. Die Holzklötze werden abgeschnitten und geputzt, bis sie mit der Oberfläche plan sind.

Der Faserverlauf der Klötze soll mit dem sie umgebenden Holz übereinstimmen.

Auf die Beine F wird eine Platte E (10×56×56 mm) mit gerundeten Kanten und Ecken geleimt samt einem gedrechselten Holzknauf D, 80 mm lang mit einem Durchmesser von 55 mm und einem Zapfen von 10 mm Durchmesser. Hinter und auf dem hohen Gabelstück A wird eine senkrechte Stützleiste C (22×28×500 mm) aufgeleimt und -geschraubt.

Auf das Gabelstück A wird, mit versenkten Schrauben, über denen jeweils ein Holzklotz eingeleimt ist, eine geschwungene Leiste B, 28 (b)× 25 (h) mm, geleimt und geschraubt. Sie hat oben in der Mitte eine Fuge. Zeichnen Sie die obere geschwungene Form der Gabel exakt auf ein breites und 28 mm dickes geradfaseriges Brett. Sägen Sie der Markierung nach aus. Markieren Sie die Höhe 25 mm mit einem Streichmaß längs der gesägten Kante. Sägen Sie die Leiste aus und feilen Sie sie gleichmäßig. Runden Sie die Oberkante gut ab.

Spielhaus im Garten

Dieses Spielhaus bietet Möglichkeiten für ruhiges wie für ausgelassenes Spielen. Es hat Fenster, einen Eingang, eine „Veranda“ mit Bodenrost und ein kleines Dach. Das Dach ist flach und läßt sich betreten. Es hat rundherum eine Brüstung und zwei Leitern, die hinaufführen. Eines von den Fenstern ist länglich und schmal und hat eine Luke, die sich aufklappen läßt. Heruntergeklappt dient die Luke als „Landungsbrücke“ und als zusätzlicher Eingang.

Das Material ist druckimprägniertes Kiefernholz. Verwenden Sie bei der Montage rostfreie oder verzinkte Nägel. Fasen Sie alle Kanten mit Hobel, Feile und Schleifpapier ab.
Zuerst werden die Seitenteile zusammengenagelt. Legen Sie drei Pfosten (50 × 75 × 2000 mm) aus und montieren Sie die Leitersprossen in ausgebohrte Löcher. Danach wird unten auf die drei Pfosten ein Riegel (50 × 75 × 2000 mm) genagelt und ein anderer Riegel (50 × 50 × 1400 mm) in einer Höhe von 1520 mm.
Der Boden besteht aus einer gehobelten Latte (22 × 95 × 1300 mm) mit zwei herausgefasten Kanten. Dies hält die beiden Hausseiten unten zusam-

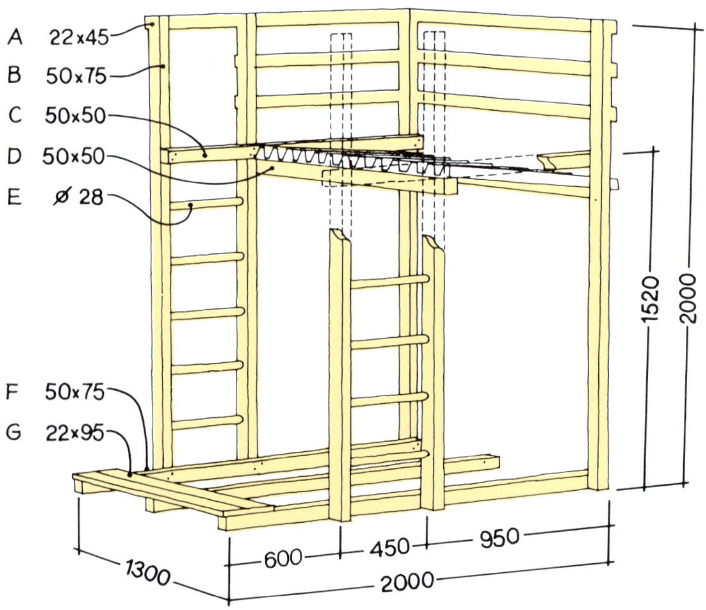

men. Damit der Boden nicht nachgeben kann, wird in der Mitte ein dritter Riegel angebracht.
Oben auf dem Hausteil sitzt als Regenschutz ein gewelltes Dach aus Kunststoff. Dieses Dach wird auf zwei 50×50 mm starken Riegeln angebracht, die von unten gegen die Riegel für den oberen Boden festgenagelt werden. Das Dach benötigt eine Dachrinne und soll außen an der Rückseite des Hauses 100 mm überstehen.
Die Riegel des Kunststoffdachs dienen auch als Halt für die Wände oben. Die Bodenbretter sollen die senkrechten Wandbretter da, wo sie zusammenstoßen, überlappen. Auch unter diesem Boden soll ein dritter Riegel als Stütze angenagelt werden.
Die Brüstung wird festgenagelt, so daß sie stabil und sicher ist.

Oberhalb der Leitern verläuft nur die oberste Latte. Dadurch wird verhindert, daß die Kinder herunterfallen, gleichzeitig aber kann man leicht hinauf- und hinabklettern.
Die Wände werden aus senkrechten Latten (22×95 mm) zusammengenagelt. Die Fensteröffnung an der Rückseite wird oben und unten mit einem schmalen Riegel abgeschlossen. Die Luke des schmalen Fensters, die ein Scharnier hat, kann in hochgeklapptem Zustand mit einem Schubriegel verschlossen werden. (Um zu verhindern, daß kleine Kinder ihre Finger in der Luke einklemmen, kann man diese mit Karabinerhaken versehen, die für sie schwer zu öffnen sind.)
Im Innern des Hauses gibt es eine an die Wand montierte Bank.

Spielplatz im Freien

Mit einem Sandkasten als Ausgangspunkt kann man einen kompletten Spielplatz für die Kinder bauen. Er läßt sich auf vielerlei Weise variieren, je nach dem Alter der Kinder und dem Ort, an dem er sich befinden soll. Man kann ihn klein oder groß gestalten. Wenn man ihn neben einen Baum baut, wie hier, bekommt man in den Ästen einen guten Halt für Schaukeln und Seil. An einer Böschung kann er in mehreren Ebenen gebaut werden. Wenn die Kinder groß genug sind, können sie sich beim Planen und Bauen sogar selbst beteiligen.

Der Sandkasten, um den herum dieser Spielplatz gebaut wird, ist ziemlich klein und ca. 30 cm tief. Damit die schmalen Kanten zum Sitzen und Darüberkriechen bequem genug sind, wird ein waagerechter Lattenrost daraufgenagelt. Er bedeckt dann auch die oberen Enden der stehenden Riegel an der Innenseite des Sandkastens.

An der einen Seite gibt es einen niedrigen „Kletterturm“ mit einer Extra-Trittebene zum Bodenrost hinunter. Da dieser Spielplatz auf kleine Kinder zugeschnitten ist, sind die Höhen entsprechend gewählt. An den Außenseiten der obersten Ebene befindet sich eine Brüstung. Die verschiedenen Ebenen dienen als Sitzplätze. Auf der anderen Seite des Sandkastens gibt es eine Bank, in einem Winkel um den Baum herumgebaut. Zum Bodenrost hin beträgt die Höhe der Bank ca. 38 cm. Darauf können mit einem Kissen als Unterlage auch Erwachsene gut sitzen. Die Fläche des Bodenrostes beträgt ca. 3,5 m^2. Die Latten des Rostes werden auf Riegel genagelt, die auf dem Boden ruhen. Die schmalen Spalten zwischen den Brettern ermöglichen es, daß Sand, der aus dem Sandkasten herausgeschüttet wurde, leicht weggekehrt werden kann.

Das Material ist druckimprägniertes Kiefernholz. Für stehende Teile im Gerüst werden gesägte Riegel, 50×50 mm und 50×75 mm, verwendet. Für die horizontalen Haftlatten nimmt man einen Querschnitt von 25×75 mm. Die Latten des Rostes mit 22×95 mm Querschnitt werden für die begehbaren Flächen verwendet. Diese Latten sind auf drei Seiten feingehobelt und haben gerundete Kanten. Für die Brüstung nimmt man gehobelte Hölzer mit 22×45 mm Querschnitt. Verwenden Sie verzinkte oder rostfreie Flachsenkkopfnägel. Die Konstruktion wird an Ort und Stelle zusammengenagelt. Die stehenden Riegel werden angespitzt und in den Boden hineingetrieben. Vorher wird mit einer Stange ein Loch in die Erde „gebohrt“. Wenn die Riegel sicher und gerade stehen, werden die verschiedenen Höhen, wo die horizontalen Riegel festgenagelt werden sollen, markiert. Verwenden Sie Zollstock und Wasserwaage. Zum Schluß werden die stehenden Riegel oben sauber zurechtgesägt.

Wenn die Lattenroste oben und an den Seiten genagelt werden, wird die Konstruktion richtig stabil. Runden Sie sorgfältig alle scharfen Kanten und Ecken, so daß die Kinder sich nicht wehtun können. Der Bodenrost wird auf liegende Riegel montiert. Diese werden zuerst auf Sand ausgerichtet, so daß sie eben liegen. Behandeln Sie die Oberflächen mit einem Holzöl für den Außenbereich.

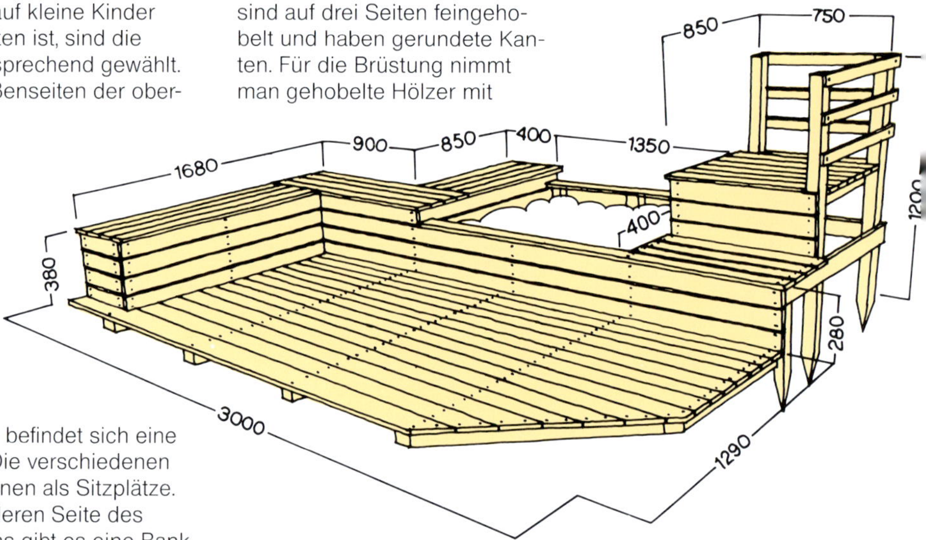

Zeichnungen in Originalgröße

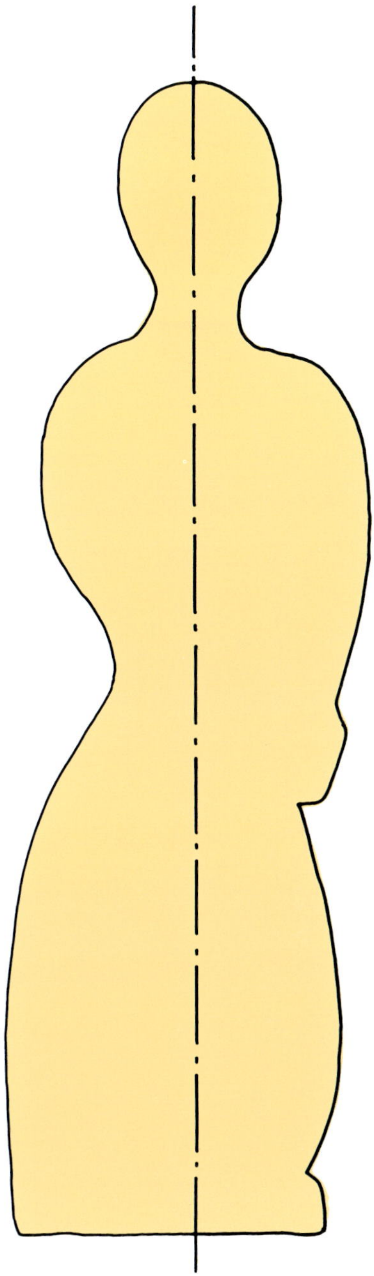

Muster für die Puppe auf S. 16

Muster für das Pferd auf S. 17

Buchstaben in Originalgröße
für das Namensschild auf S. 68

ABCDE
FGHIJK
LMNQP
RSTUV
WXYZ

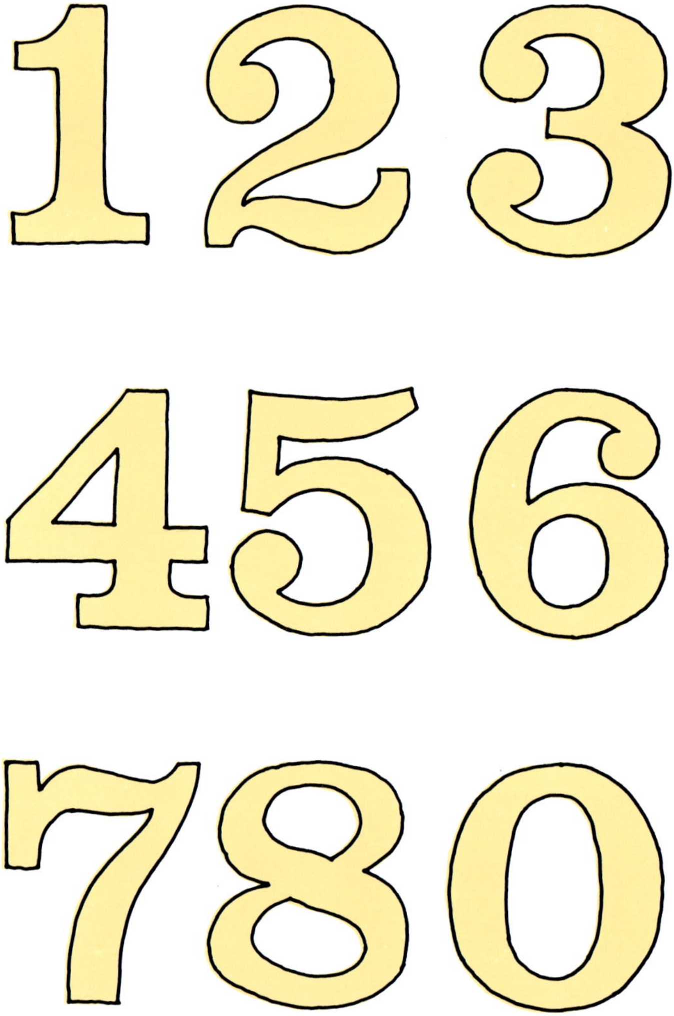

Ziffern in Originalgröße für die Lernuhr auf S. 32